Nesina Grütter
Das Nahumbuch heute lesen

T V Z

bibel heute lesen

Die Johannesoffenbarung heute lesen, Michael Heymel, Zürich 2018
Das Markusevangelium heute lesen, Klaus Bäumlin, Zürich 2019
Das Johannesevangelium heute lesen, Michael Heymel, Zürich 2020
Den 1. Johannesbrief heute lesen, Karl-Siegfried Melzer, Zürich 2021
Die Urgeschichte (Genesis 1–11) heute lesen, Klaus Bäumlin, Zürich 2021
Die Samuelbücher heute lesen, Walter Dietrich, Zürich 2022
Das Unservater heute lesen, Jean Zumstein, Zürich 2023
Das Richterbuch heute lesen, Heinz-Dieter Neef, Zürich 2023
Das Exodusbuch heute lesen, Konrad Schmid, Zürich 2023
Das Jesajabuch heute lesen, Andreas Schüle, Zürich 2023

Nesina Grütter

Das Nahumbuch heute lesen

TVZ
Theologischer Verlag Zürich

Der Theologische Verlag Zürich wird vom Bundesamt für Kultur für die Jahre 2021–2024 unterstützt.

Bibliografische Information der Deutschen Nationalbibliothek
Die Deutsche Nationalbibliothek verzeichnet diese Publikation in der Deutschen Nationalbibliografie; detaillierte bibliografische Daten sind im Internet über http://dnb.dnb.de abrufbar.

Umschlaggestaltung
Simone Ackermann, Zürich
Unter Verwendung des Bilds «Nahum»: James Tissot (1836–1902), The Jewish Museum, New York

Druck
gapp print, Wangen im Allgäu

ISBN 978-3-290-18645-6 (Print)
ISBN 978-3-290-18646-3 (E-Book)

© 2024 Theologischer Verlag Zürich
www.tvz-verlag.ch

Alle Rechte vorbehalten

Inhalt

Einleitung 9

Nah 1,1: Die Buchüberschrift 13
   Schriftverständnis und Leseerwartung 14

Nah 1,2–8: Altorientalische Theopoesie 21
   Buchstabenspielereien 23
   Sprachspielereien 26
   Gedankenspielereien 34

Nah 1,9–2,3: Dornen- und Wortgestrüpp 41

Nah 2,4–3,19: Der Untergang der Stadt Ninive 45
   Nah 2,12–2,14: Löwen und Politsatire 49
   Nah 3,1–7: Sexualisierte Gewalt gegen die Stadt-Frau Ninive .. 55
   Nah 3,15–17: Heuschrecken, Krieg und Ausbeutung 62

Wirkungs- und Rezeptionsgeschichte des Nahumbuchs ... 69
   Die Nahumseptuaginta (^{LXX}Nah) 69
   Das Nahumbuch: Funde in der judäischen Wüste 71
   Das Nahumbuch in den rabbinischen Schriften 74
   Das Nahumbuch und die Kirchenväter 76
   Die Zürcher Reformatoren und das Nahumbuch 78

Das Nahumbuch nach der europäischen Aufklärung	81
Nahum-Rezeption in der Kunst	91

Heute Nahum lesen 97

Krieg heute wie gestern	97
Delegation der Gewalt an den Gott der Geschichte	99
Der Klima-Gott	100
Vom Humor bis zum Slapstick	100

Literatur 103

Einleitung

Das Nahumbuch ist *grossartig!* Dabei ist es sehr kurz: Es umfasst nur drei Kapitel. Es gehört in die Sammlung der «zwölf kleinen Propheten», ins Zwölfprophetenbuch. Die Wurzeln des Nahumbuchs reichen zurück in das 7. Jahrhundert v. Chr., als die neuassyrischen Könige den Orient bis ans Mittelmeer und bis nach Ägypten beherrschen.

Das Nahumbuch berichtet von der *Gewalt,* die König Assurbanipal, seine Vorgänger und seine Nachfolger Land und Leute angetan haben. Die Sprache ist dabei selbst oft gewalttätig, auch wenn von Gott die Rede ist.

Das Nahumbuch ist *poetisch*. Es arbeitet mit Sprachbildern aus der Tierwelt und malt lebendige Szenen. Herrschaftliche Löwinnen und gefrässige Heuschrecken bevölkern den hebräischen Bibeltext.

Das Nahumbuch ist stellenweise *unverständlich*. Darüber täuschen moderne wie antike Bibelübersetzungen hinweg. Der Text ist kein Fliesstext, sondern eine Sammlung von Prophetenworten, die zusammengestellt, erweitert und weitergegeben wurden.

Der hebräische Bibeltext des Alten Testaments beruht auf den mittelalterlichen Handschriften der jüdischen Schriftgelehrten (Masoreten). Masoretische Handschriften sind hebräische Handschriften, die den viele Jahrhunderte älteren, hebräischen Konsonantentext mit Vokalen, Akzenten sowie Randbemerkungen («kleine Masora») und Listen («grosse Masora») versehen überliefern. Diese Texttradition bildet den verbindlichen hebräischen Text für den TaNaK des rabbinischen Judentums und den Ausgangstext für die Übersetzungen des Alten Testaments in moderne Sprachen für viele christliche Konfessionen, so auch für die Zürcher Bibel. Diese gibt den Gottesnamen durchgehend mit HERR wieder, ich verwende JHWH (die Umschrift der Konsonanten des Gottesnamens).

Seit Mitte der Antike wurde der Gottesname in jüdischen wie christlichen Kreisen nicht mehr ausgesprochen. HERR diente fortan als Ersatzwort, sowohl bei der Lesung hebräischer Texte als auch bei ihrer Übersetzung ins Griechische. Das Nahumbuch entstand einige Jahrhunderte früher – in einem Umfeld, das die Existenz vieler Göttinnen und Götter für selbstverständlich hielt. Diese trugen verschiedene Eigennamen und Herrschaftstitel. Je nach Kontext wurden sie auch einfach mit Herr oder Herrin angesprochen. Nahum heute lesen, heisst auch, diese vergessene Welt sichtbar zu machen und die Fremdheit des Bibeltextes als Chance zu sehen. JHWH als Eigennamen stehen zu lassen, hilft dabei: Welche mythologischen und politischen Anspielungen verstecken sich im Nahumbuch? Wie lassen sich biblische Aussagen über einen männlich konnotierten Gott mit dem Eigennamen JHWH angemessen in eine monotheistische Weltsicht transportieren, in der JHWH als die einzige existente Gottheit gilt?

Nah 1,1: Die Buchüberschrift

> Ausspruch über Ninive.
> Das Buch der Schauung des Nahum, des Elkoschiters.
> Nah 1,1

Bereits die Buchüberschrift macht neugierig: Wie soll man «Ausspruch», «Schauung» und «Buch» zusammendenken? Und wer ist Nahum, der Elkoschiter?

Im heutigen Bibelkanon wird Nahum als einer der zwölf kleinen Propheten gelistet. Der Eigenname bedeutet *Tröster* (eine Kurzform, gemeint ist wohl *Gott tröstet*). Elkosch war vermutlich ein Ort – so sehen es zumindest die Kirchenväter. Allerdings sind bereits sie sich nicht mehr einig, wo Elkosch lag. Einige meinen in Juda (also im einstigen Umland Jerusalems), andere in Galiläa.

Ninive war im 7. Jahrhundert vor Christus die Hauptstadt der neuassyrischen Könige. Sie wurde 612 v. Chr. von Medern und Neubabyloniern erobert (→ Kap. zu Nah 2,4–3,18). Das bedeutete zugleich das Ende des neuassyrischen Reiches. Dieses Ereignis ist das Hauptthema des Nahumbuchs. Wer den Ausspruch über Ninive tut, wird aus der Überschrift nicht klar. In den drei Kapiteln danach steht «So spricht Jhwh:…» (Nah 1,12), «Und Jhwh gibt Befehl gegen dich:…» (Nah 1,14), «…Spruch Jhwhs…» (Nah 2,14 und Nah 3,5). Das legt nahe, die Überschrift als Ausspruch Gottes über Ninive zu verstehen. Aber wo beginnt der jeweilige Gottesspruch, wo hört er auf? Welche Teile des Buchs weisen auf eine Schauung Nahums hin? Was ist eigentlich eine Schauung, und in welchem Verhältnis stehen Gottessprüche und Schauung? Was ist mit der poetischen Rede über Gott vor Nah 1,12?

Diese Fragen beschäftigen die europäische Forschung seit etwa zweihundert Jahren. Im Kern geht es darum, dass ein heutiger Autor, eine heutige Autorin etwas anderes ist als ein Autor, wie er in Überschriften von biblischen Büchern vorkommt.

Schriftverständnis und Leseerwartung

Das Nahumbuch bewahrt eine Sammlung von Worten und Sprüchen. Dasselbe gilt auch für andere Prophetenbücher des Alten Testaments. Das ist keine moderne Annahme. Bereits in der Bibel wird davon berichtet: im Jeremiabuch, Kapitel 36. Die dort geschilderte Geschichte liest sich wie ein Kriminalroman. Jeremia diktiert Worte mit politischer Brisanz, die Gott zu ihm gesprochen hat, seinem Schreiber Baruch:

> Und im vierten Jahr des Jehojakim, des Sohns von Joschijahu, des Königs von Juda, erging dieses Wort von JHWH an Jeremia: Nimm dir eine Schriftrolle und schreibe darauf alle Worte, die ich zu dir gesprochen habe über Israel und über Juda und über alle Nationen, von dem Tag an, an dem ich zu dir gesprochen habe, seit den Tagen des Joschijahu bis zum heutigen Tag. […] Und Jeremia rief Baruch, den Sohn des Nerija, und auf Diktat Jeremias schrieb Baruch alle Worte von JHWH, die dieser zu ihm gesprochen hatte, auf die Schriftrolle. (Jer 36,1.2.4)

Bereits hier fällt auf (Vers 2): Es werden Gottessprüche («alle Worte, die ich zu dir gesprochen habe») versammelt und niedergeschrieben, die über eine längere Zeit verteilt an den Judäer Jeremia ergangen sind («von dem Tag an, an dem ich zu dir gesprochen habe, seit den Tagen des Joschijahu [des Vaters des jetzigen Königs von Juda, vgl. Vers 1] bis zum heutigen Tag [im vierten Jahr des Jehojakim des Königs von Juda, vgl. Vers 1]»). Diese Gottessprüche betreffen verschiedene Themen («Worte ... über Israel und über Juda und über alle Nationen»).

Baruch schreibt sie mit Tinte auf eine Schriftrolle und liest sie zu verschiedenen Gelegenheiten öffentlich vor (Jer 36,4–31). Die Geschichte ist abenteuerlich und gipfelt darin, dass die Worte dem judäischen König Joschijahu vorgelesen werden und die Schriftrolle Stück für Stück verbrannt wird. Daraufhin ergehen wiederum Jhwh-Worte an Jeremia:

> Und das Wort von Jhwh erging an Jeremia, nachdem der König die Rolle mit den Worten, die Baruch nach dem Diktat Jeremias geschrieben hatte, verbrannt hatte: Nimm dir eine andere Rolle und schreibe alle früheren Worte darauf, die auf der früheren Rolle waren, die Jehojakim, der König von Juda, verbrannt hat. (Jer 36,27–28)

Hinzuzufügen ist nun ein neuer, vernichtender Gottesspruch über Joschijahu und seine Nachkommen und Untertanen (Jer 36,29–31). Die Episode schliesst danach mit den Worten:

> Und Jeremia nahm eine andere Rolle und gab sie Baruch, dem Sohn des Nerijahu, dem Schreiber, und nach dem Diktat Jeremias schrieb dieser darauf alle Worte der Schrift, die Jehojakim, der König von

Juda, im Feuer verbrannt hatte, und viele ähnliche Worte wurden ihnen hinzugefügt. (Jer 36,32)

Es geht nicht darum, wie historisch dieser Bericht ist, sondern welches Schriftverständnis darin als selbstverständlich erscheint. Insbesondere der letzte Teilvers darf nicht überlesen werden: «und viele ähnliche Worte wurden ihnen hinzugefügt». Es steht weder wann und von wem die ähnlichen Worte hinzugefügt wurden, noch an welcher Stelle in der bestehenden Sammlung sie hinzugefügt wurden.

Auch steht nirgends, wie die Worte von Gott ergingen: Mündlich? Schriftlich? Spontan oder in ritueller Kommunikation? Etwa in Gebeten, in Träumen oder während Opferdarbringungen? Diese Frage drängt sich angesichts der Überschrift des Nahumbuchs noch stärker auf: Werden Gottessprüche vermittelt über eine Schauung? – Was ist eine Schauung? Hat sie eine «Tonspur»? Oder entnimmt man «bildlichen Einspielungen» eine Nachricht, die dann von Menschen in Worte gefasst, «übersetzt», werden muss?

Der Textcharakter des Nahumbuchs kann also folgendermassen beschrieben werden: Das Nahumbuch bietet keinen Fliesstext, wie heutige Bücher, denn

1. der Prophetentext vereinigt verschiedene «Gottessprüche».

2. Diese Gottessprüche können einst in ganz verschiedene aktuelle Situationen gehört haben.

3. Sie behielten ihren Wert, auch nachdem die Situation, in die sie hineingesprochen wurden, vorüber war.

4. Die Sammlung von Gottessprüchen wurde erweitert.

5. Zu irgendeinem Zeitpunkt galten Sammlungen als abgeschlossen, wurden mit Überschriften versehen und in übergreifende Sammlungen eingefügt.

6. Die Nahum-Sammlung wurde *sefär*, «Buch(rolle)», «Schriftrolle», genannt (es ist dasselbe Wort wie in Jeremia 36).

Dabei ist heute unklar, wie ein «Spruch» «gehört», wie eine «Schauung» «gesehen», wie ein «Spruch» oder eine «Schauung» in Text «übersetzt» wurde.

Auch bleibt im Dunkeln, wie entschieden wurde, dass eine Sammlung abgeschlossen war: Die ältesten Fragmente des hebräischen Nahumbuchs stammen von den Funden aus der judäischen Wüste und werden in die erste Hälfte des 1. Jahrhunderts v. Chr. datiert. Damals war das Nahumbuch schon abgeschlossen. Ausgehend von der Erzählung im Jeremiabuch könnte man sich fragen: Wie wurden Gottessprüche und Worte über eine Schauung aufbewahrt, bevor sie das erste Mal auf einer Schriftrolle (aus Papyrus oder Pergament) zusammengeschrieben wurden? Nur mündlich oder notiert, beispielsweise auf *beschrifteten* Tonscherben? Und ab wann gab es dann die grossen Schriftrollen, auf denen grosse Propheten wie Jesaja oder auch das Zwölfprophetenbuch festgehalten wurden?

Über die früheren Stadien der Text-/Spruchsammlung kann nur spekuliert werden – dies tut die historisch-kritische Forschung mit klaren Methoden. Demgegenüber ist Fakt, dass das Nahumbuch als Ganzes in verschiedenen jüdischen und christlichen Gemeinschaften zum Kanon, der Sammlung der für sie verbindlichen (heiligen) Schriften, gehört. Das Nahumbuch heute lesen, zerlesen und zusammenlesen – nicht als Fliesstext zwischen zwei Buchdeckeln, sondern als Blumenstrauss in prallen Farben, samt seinen angenehmeren und weniger angenehmen Düften. Dazu anregen will ich in diesem Band.

Nah 1,2–8: Altorientalische Theopoesie

Was ist Poesie? Je nach Sprache und Kultur ist das verschieden. Deutsch denkt man etwa an Reime und Rhythmen. Hebräische Bibeltexte, besonders die Psalmen, arbeiten mit einem anderen Stilmittel: Zwei (manchmal auch mehrere) aufeinanderfolgende (Teil-)Sätze sind zusammen zu lesen. Sie drücken eine Parallele, einen Gegensatz oder eine Erweiterung aus – meist inhaltlich, oft auch in der Form, nämlich in der Art und Weise, wie sie die Wörter ordnen (z. B. die Reihenfolge Verb – Subjekt – Objekt wiederholen oder spiegeln). Nah 1,2–8 wird in der Tat gerne als «hymnischer Psalm» (Seybold, S. 19) bezeichnet. Womöglich wurde der Text auch als Lied gesungen.

Die deutsche Übersetzung gliedert den Text optisch nach den althergebrachten Akzenten des hebräischen Bibeltextes, der Zeichensetzung der Masoreten (einer Gruppe mittelalterlicher, jüdischer Schriftgelehrter). Dadurch werden zusammenhängende Leseportionen und der poetische Stil leicht sichtbar, man kann die Verse selbst Deutsch rhythmisiert lesen.

Ein eifersüchtiger Gott und ein Rächer ist Jhwh, א
ein Rächer ist Jhwh und ein Herr [hebr. Baal] des Zorns.
Jhwh rächt sich an seinen Widersachern,
und er ist nachtragend gegenüber seinen Feinden.
Jhwh ist langmütig und gross an Kraft,
aber nichts und niemanden lässt er ungestraft.
Jhwh – in Gewitter und Sturm ist sein Weg, ב
und Gewölk ist der Staub an seinen Füssen.
Er wies das Meer zurecht und liess es versiegen, ג
und alle Flüsse trocknete er aus.
Baschan und Karmel sind vertrocknet, ד
und vertrocknet ist die Blüte des Libanon.
Vor ihm erbebten Berge, ה
und die Hügel sind in Bewegung geraten,
und vor seinem Angesicht hat die Erde sich gehoben ו
und der Erdkreis und alle, die darauf wohnen.
Vor seiner Wut, wer könnte da bestehen? ז
Und wer könnte es wagen, sich zu erheben bei
seinem glühenden Zorn?
Wie Feuer ergiesst sich sein Groll, ח
und vor ihm stürzen die Felsen ein.
Jhwh ist gütig, ט
eine Zuflucht am Tag der Not,
und er kennt jene, die Zuflucht suchen bei ihm.
Aber mit überschwemmender Flut
bereitet er ihrem Ort ein Ende, כ
und seine Feinde jagt er in die Finsternis.
Nah 1,2–8

Buchstabenspielereien

Die hebräischen Buchstaben am Rand der deutschen Übersetzung zeigen an, mit welchem Buchstaben die jeweilige hebräische Zeile, beginnt. Die Zürcher Bibel schreibt die Buchstaben aus: *Alef, Bet, Gimel, Dalet, He, Waw, Sajin, Chet, Tet, Kaf.* Das ist fast die erste Hälfte des hebräischen Alphabets (allerdings fehlt zwischen *Tet* und *Kaf* das *Jod*). Viele lesen den hebräischen Text als kunstvolle Anordnung der «Versspitze» (griechisch Akrostichon), als Alphabets-Psalm wie die Psalmen 9, 10, 25, 34, 37, 111, 112, 119 und 145. (Auch in diesen Psalmen treten öfters Unregelmässigkeiten in der alphabetischen Abfolge der Buchstaben auf.) Aber nicht alle teilen diese Ansicht (dagegen z. B. Baumann 2005, S. 52–60). Viele stört, dass das «alphabetische Lesemuster» nur bis *Kaf* geht, einige versuchen sogar, weitere alphabetische Zeilen in Nah 1,9–12 «wiederzufinden», teils mit abenteuerlichen Umstellungen des hebräischen Textes (zuletzt Seybold, S. 18–25).

Wer einmal mit der Mustersuche begonnen hat, kann damit kaum mehr aufhören. Klaas Spronk gibt eine Übersicht über andere Versuche, in den Anfangsbuchstaben ausgewählter Wörter der ersten Verse des Nahumbuchs ein verborgenes Wort oder einen versteckten Satz zu erkennen. Für ihn selbst und andere Forscher ergeben die hebräischen Verse ein Namens- oder Linien-Akrostichon in Nah 1,1–3. Wenn sie den hebräischen Bibeltext nach den althergebrachten Akzenten in doppelt so grossen Abschnitten anordnen wie die Zürcher Bibel, ergibt das folgende «Zeilen»:

I. Ausspruch über Ninive. Das Buch der Schauung des Nahum, des Elkoschiters.

II. Ein eifersüchtiger Gott und ein Rächer ist Jhwh, ein Rächer ist Jhwh und ein Herr des Zorns.

III. Jhwh rächt sich an seinen Widersachern, und er ist nachtragend gegenüber seinen Feinden.

IV. Jhwh ist langmütig und gross an Kraft, aber nichts und niemanden lässt er ungestraft.

Nun lassen sich die ersten Buchstaben der zweiten, dritten und vierten Zeile und die letzten Buchstaben der vier Zeilen dieser Sinneinheiten im hebräischen Text als *ani,* hebr. «ich», und als Gottesname Jhwh lesen (in der deutschen Übersetzung funktioniert es natürlich nicht). Zusammengenommen ergibt das den versteckten Satz «Ich (bin) Jhwh» (Anmerkung: Das Hebräische braucht kein Verb «sein» für diesen Satz).

Wo liegt das Problem? Darin, wer darüber entscheidet, wo und womit man zu lesen anfängt und aufhört.

Im hebräischen Bibeltext kommt die Wortfolge «Ich» «Jhwh» 196 Mal vor, mit Spitzenwerten im Ezechielbuch (87) und in Levitikus (52). Immerhin vier Belege gibt es im Zwölfprophetenbuch (Joel 2,27, 4,17, Sach 10,6 und Mal 3,6). In den meisten dieser Fälle drückt die Wortfolge den Satz «Ich bin Jhwh» aus. Selten ist die Wortfolge nicht als eigenständiger Satz zu verstehen, z. B. im ersten Chronikbuch: «Und König David kam, liess sich vor Jhwh nieder und sprach: Wer bin *ich, Jhwh,* Gott, und was

ist mein Haus, dass du mich bis hierher gebracht hast?»
(1Chr 17,16).

Im Blick auf einen versteckten Satz «Ich (bin) Jhwh» in Nah 1,1–3 gilt also: Bekannt ist er aus anderen Kontexten auf alle Fälle. Die Frage ist vielmehr, wozu man ihn im Anfang des hebräischen Nahumbuchs verstecken sollte – diese Frage wird für gewöhnlich nicht diskutiert.

Sicher ist: Man kann diesen Satz im hebräischen Text sehen (wollen) oder auch nicht. Spronk geht aber noch einen Schritt weiter: Er glaubt, dass die *Anordnung* der Verse in der *griechischen* Übersetzung in zwei der vier wichtigsten antiken Bibelhandschriften (4.–6. Jh. n. Chr.) belegen, dass man dieses Muster des *hebräischen* Textes in der *griechisch*sprachigen Spätantike kannte – also nicht (nur) zum Zeitpunkt der ersten Übersetzung des Zwölfprophetenbuchs ins Griechische (ca. 2. Jh. v. Chr.) durch hellenistische Juden, sondern auch noch als die christlichen Kopisten sechs- bis achthundert Jahre später griechische Gesamtausgaben der christlichen Doppelbibel (Altes und Neues Testament) herstellten. Im griechischen Text von Nah 1,1–3 erkennt man natürlich keinen entsprechenden versteckten, griechischen Satz und auch den hebräischen Satz nicht mehr.

Diese Buchstabenspielereien machen Spass! Auch religionsgeschichtlich ist die Suche danach plausibel: Akrosticha sind seit der Antike in hebräischen, griechischen und lateinischen Texten belegt. Zudem haben die oben erwähnten Beobachtungen entfernte Ähnlichkeiten mit dem Notarikon, einer Auslegungsmethode des rabbinischen Judentums, bei der aus einzelnen Buchstaben eines Worts ganze Sätze und umgekehrt aus den Anfangsbuchstaben von Sätzen einzelne Wörter gewonnen werden können. Das Notarikon wiederum weist Ähnlichkeiten mit den Keilschriftzeichenspielereien des antiken Mesopotamiens auf (mehr dazu bei Antoine Cavigneaux). Diese sind sowohl für die neuassyrische Zeit belegt, in der das Nahumbuch seinen Ursprung hat, als auch für die hellenistische und römische Zeit, aus der die ältesten erhaltenen Handschriften des abgeschlossenen Nahumbuchs stammen.

Gleichzeitig verschiebt die Konzentration *allein* auf Buchstabenspielereien den Blick gänzlich vom Inhalt auf die Form. Wie schön wäre es, ob so vieler ästhetischer Betrachtungen den über weite Strecken grässlichen Inhalt und die vielerorts unverständliche Sprache des Nahumbuchs ganz zu vergessen!

Sprachspielereien

Man kann den «hymnischen Psalm» als ein gelehrtes Schriftwerk sehen, mit oder ohne Buchstabenspiele. Und gleichzeitig kann man Nah 1,2–8 auch als volkstümlichen Traditionsmix lesen. Beide Leseweisen umkreisen die Themen «göttlicher Zorn» und «mythische Sprache».

Göttlicher Zorn

Heutzutage ist es heikel, Jhwh als eifersüchtigen Gott, als Rächer, als Herrn des Zorns zu bezeichnen, als einen Gott, der sich an seinen Widersachern rächt und nachtragend gegenüber seinen Feinden ist (Nah 1,2). Wenn sein Groll sich wie Feuer ergiesst und rhetorisch gefragt wird, wer es wagt, aufzumucken angesichts seines glühenden Zorns (Nah 1,6), steht ein Gottesbild im Raum, das sozial nicht länger erwünscht ist. Gott, so ungehalten emotional! Vielleicht sogar gewaltbereit? Wie unerhört heutzutage. Doch wirklich nur heutzutage? Anlass zu dieser Frage gibt Nah 1,3:

> Jhwh ist langmütig und gross an Kraft,
> aber nichts und niemanden lässt er ungestraft.

Der erste Teil lässt bei heutigen wie einstigen Bibelkenner/-innen ein Glöckchen läuten: Was steht nochmals für gewöhnlich, Jhwh ist langmütig und gross an …?

Es steht *chäsäd* (dt. «Güte», «Gnade», «Treue»): Und Jhwh ging an ihm [d. i. Mose] vorüber und rief: Jhwh, Jhwh, ein barmherziger und gnädiger Gott, langmütig und von grosser Gnade und Treue … (Ex 34,6; die Wendung findet sich häufiger, so auch in Num 14,18; Jer 9,17; Ps 86,15; Ps 145,8; Joel 2,13 und Jona 4,2).

Was macht die grosse Kraft in Nah 1,3? Ist es eine theologische Spitze gegen ein weichgespültes Gottesbild? Stehen Langmut und Kraft dem Strafen gegenüber? Oder muss man Langmut als Gegensatz zu Kraft und Strafen verstehen? Gibt es überhaupt einen Unterschied in der Bewertung von Langmut, Kraft und Strafen? Der Kontext ist nicht eindeutig: Was deutsch mit «und» und «aber» übersetzt wird, ist im hebräischen Bibeltext ein und dasselbe Wort, demnach kann es heissen:

> Jhwh ist langmütig und/aber *gross an Kraft* und/aber nichts und niemanden lässt er ungestraft.

Verstehen wir das Wort *langmütig* falsch? Deutsche Synonyme dafür sind *duldsam* und *geduldig*. Ist *langmütig* eine gute Wahl, um den hebräischen Bibeltext zu übersetzen? Wo Jhwh als *langmütig* bezeichnet wird, erwartet man von ihm oft nicht nur Friede, Freude, Eierkuchen:

> Jhwh aber fuhr in der Wolke herab und trat dort neben ihn [Anmerkung: d. i. Mose]. Und er rief den Namen von Jhwh aus. Und Jhwh ging an ihm vorüber und rief: Jhwh, Jhwh, ein barmherziger und gnädiger Gott, *langmütig* und von grosser Gnade und Treue, der Gnade bewahrt Tausenden, der Schuld, Vergehen und Sünde vergibt, der aber nicht ungestraft lässt, sondern die Schuld der Vorfahren heimsucht an Söhnen und Enkeln, bis zur dritten und vierten Generation. (Ex 34,5–7)

Im Hebräischen steht *äräk 'apajim,* wörtlich «lang an Ärger», «lang in Bezug auf die Nase», die Sitz des Zorns ist. Das heisst, es schwingen noch andere Assoziationen mit als bei *langmütig*. Mein Vorschlag ist daher, die hebräische Wendung in einen anderen deutschen Ausdruck zu überführen: «Jhwh hat einen langen Atem».

Dass Jhwh ein eifersüchtiger Gott ist, ist nichts Neues, siehe zum Beispiel:

> Denn du sollst dich nicht niederwerfen vor einem anderen Gott, denn Eifersüchtig ist der Name von Jhwh, ein eifersüchtiger Gott ist er. (Ex 34,14).

Überhaupt erinnert vieles zu Beginn des Nahumbuchs an die Gotteserscheinung auf dem Berg Sinai in Ex 34. Aber auch andere Stellen des Alten Testaments klingen an wie Ps 18, 2Sam 22 und Mi 7,18–20 (ausführlich Baumann 2005, S. 95 und 106–107). So gelesen ist Nah 1,2–8 gelehrte Schriftprophetie mit vielen intertextuellen Bezügen. Dann ist es der bewusst gesetzte Auftakt vor den gesammelten Sprüchen und Worten zur Zerstörung Ninives. Was geschieht, wenn man die nachfolgenden Sprüche und Worte im Licht dieses theologischen Rahmens liest? Man landet bei Jhwh als dem Gott der Geschichte und bei Geschichtstheologie, also bei der ganz aktuellen Frage nach der Parteilichkeit Gottes angesichts von Krieg und Gewalt in der Welt (→ Heute Nahum lesen).

Mythologische Anspielungen

Er wies das Meer zurecht und liess es versiegen, und alle Flüsse trocknete er aus.
Baschan und Karmel sind vertrocknet, und vertrocknet ist die Blüte des Libanon.
Vor ihm erbebten Berge, und die Hügel sind in Bewegung geraten, und vor seinem Angesicht hat die Erde sich gehoben und der Erdkreis und alle, die darauf wohnen.

Nah 1,4–5

Der hebräische Bibeltext verwendet oft übertragene Sprache. Menschen rund um die Erde verwenden Sprache seit jeher ganz unterschiedlich – ein und dasselbe Wort kann verschiedene Bedeutungen haben, und es kann auch in übertragenem Sinne gebraucht werden. Die Theologin Moni Egger erläutert das am bekannten Beispiel von Hesses Gedicht «Seltsam im Nebel zu wandern! Einsam ist jeder Busch und Stein, Kein Baum sieht den andern, Jeder ist allein.»:

> «Wenn Wetterbericht und Gedicht von Nebel schreiben, dann verwenden sie zwar dasselbe Wort, aber nicht dieselbe Sprache. Es sind zwei unterschiedliche Sprachspiele, also verschiedene Verwendungsarten von Sprache mit je unterschiedlichen Konventionen. Der Wetterbericht steht im Sprachspiel des Logos. Logos will erklären, begründen, Fakten darlegen. Logos ist überprüfbar. Das Gedicht steht im Sprachspiel des Mythos. Mythos lässt anklingen, will deuten, zum Denken anregen, Sinn stiften. Mythos ist erfahrbar. […] Die Wahrheit des Mythos ist nicht überprüfbar, sie ist erfahrbar. Hier gibt es Wahrheit nur in Verbindung mit dem eigenen Erleben.» (Egger, S. 10)

Nah 1,2–8 erzählt nicht von Nebel, sondern von anderen Wettererfahrungen auf dem Landstrich zwischen der Ostküste des Mittelmeers bis hoch zu den Bergen Karmel und Libanon und in das Hügelland Baschan östlich des Jordans (→ Karte auf S. 31). Ein Leben abhängig von der Landwirtschaft, zwischen zu viel und zu wenig Wasser, Stürmen (Nah 1,4), Meerestoben (Nah 1,8), Trockenheit (Nah 1,4), Gewitter und Steinschlag (Nah 1,6), gar Erdbeben (Nah 1,5) ausgeliefert. So geht das Bild von Jhwh als Wettergott unter die Haut: Das ganze Leben hängt an Gott, als Mensch ist man von Gott abhängig, auf Gott angewiesen. Gott ist beides, er ist Herr des Zorns (Nah 1,2) aber zugleich Zuflucht am Tag der Not (Nah 1,7).

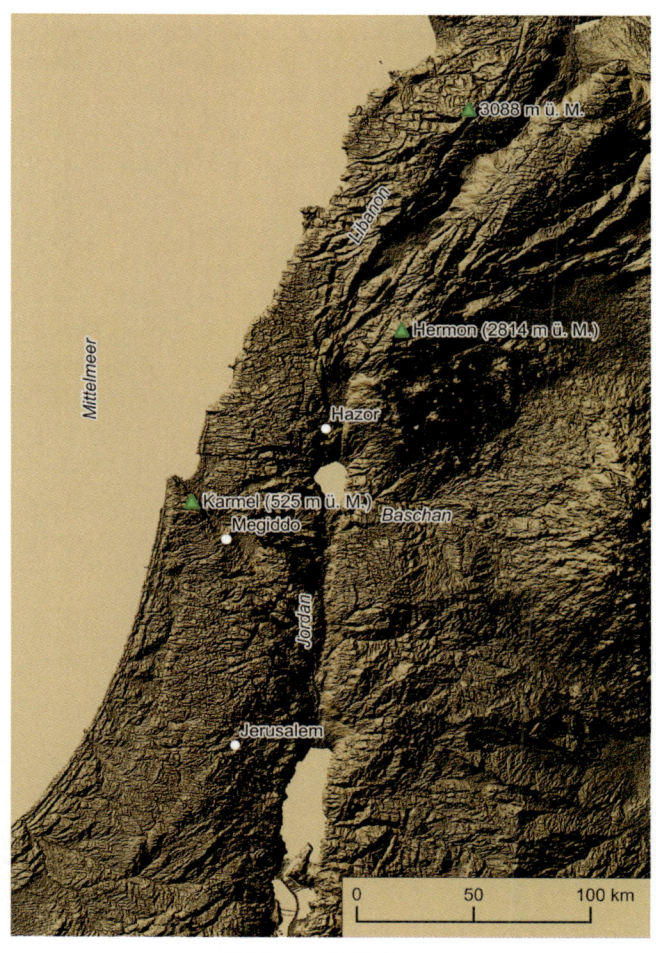

© *Margareth Warburton*
(für verwendete Quellen und Datensets siehe Literatur)

In der Antike verwendeten sowohl die Alphabetschriftkulturen des Mittelmeerraums als auch die Keilschriftkulturen Mesopotamiens übertragene Sprache als ein Sprachspiel unter vielen, um dunkle Seiten des Göttlichen zum Ausdruck zu bringen, um Theologie zu betreiben. Homer und die griechischen Tragödien sind in Europa bekannter, ihre Vergleiche mit Gottesbildern des Alten Testaments leicht zugänglich. Als altorientalische Parallele stelle ich hier einen Hymnus auf Marduk vor. Er steht am Anfang der breit überlieferten babylonischen Dichtung *Ludlul bēl nēmeqi* («Ich will loben den Herrn der Weisheit», so wird das Werk aufgrund seiner ersten Zeile genannt). *Ludlul bēl nēmeqi* wird oft mit dem Hiob-Buch verglichen (detailliert: Uehlinger 2007). Am Anfang der 200-zeiligen Erzählung steht ein 40-zeiliger Hymnus für den babylonischen Gott Marduk, deren erste acht Zeilen schon beim ersten Lesen an Nah 1,2–8 erinnern:

Ich will preisen den Herrn [akkad. Bēl] der Weisheit, den umsichtigen Gott;
er zürnt zur Nachtzeit, verzeiht (aber) am Tage.
Ich will preisen Marduk, den Herrn [akkad. Bēl] der Weisheit, den umsichtigen Gott;
er zürnt zur Nachtzeit, verzeiht (aber) am Tage,
dessen Grimm wie ein Gewittersturm eine Steppe (bewirkt),
dessen Wehen aber schön ist wie das des Morgenwindes.
Sein Zorn ist nicht abzuwehren, seine Wut ist ein Flutsturm,
fürsorglich (aber) ist sein Sinn, sein Gemüt zum Verzeihen bereit.
Ludlul bēl nēmeqi, Tafel I, 1–8

Hebräisch Baal – akkadisch Bēl – deutsch Herr. Ob Herr der Weisheit (Marduk), ob Herr des Zorns (JHWH), ob der Baal der

Baalspriester, die Elija auf dem Karmel versammelt (1Kön 18): Viele Götter wurden mit Baal, Herr, angesprochen oder galten schlicht als «Baal», Herr. Einige dieser Götter werden von der modernen religionsgeschichtlichen Forschung mit dem Label «Wettergott» kategorisiert (Schwemer 2001). Wenn Jhwh als zorniger Gott im Gewitter und Wetter erscheint, bedient sich Nah 1,2–8 also auch mythologischer Motive, die im Orient ab der zweiten Hälfte des 3. Jahrtausends bezeugt sind.

Am bekanntesten heute sind wohl die in ugaritischen und eblaitischen Quellen aus dem 2. Jahrtausend vor Christus bekannten Mythen über den Gott «Baal» (hier ist der Titel schon zum Eigennamen geworden). Er «sitzt» in der Levante in Gebirgsregionen (verschiedene lokale Traditionen sind im Raum des Libanon- und Antilibanongebirges und auf dem Karmel in Spuren fassbar). Er herrscht nach seinem erfolgreichen Kampf gegen das Meer-Wasser-Ungeheuer und den Tod, die tödliche Dürre, herrscht über Blitz und Donner, kontrolliert das Wetter und somit auch die Fruchtbarkeit des Bodens. In der aramäischen Tradition heisst er Adad.

Die Spuren dieser Mythenstränge kann man deutlich sehen in Nah 1,2–8, fast ein Jahrtausend später:
«[…] ein Rächer ist Jhwh und ein Herr des Zorns. […] Jhwh – in Gewitter und Sturm ist sein Weg, und Gewölk ist der Staub an seinen Füssen. Er wies das Meer zurecht und liess es versiegen, und alle Flüsse trocknete er aus. Baschan und Karmel sind vertrocknet, und vertrocknet ist die Blüte des Libanon. […] Aber mit überschwemmender Flut bereitet er ihrem Ort ein Ende und seine Feinde jagt er in die Finsternis.»

Einzelne Bücher der *Hebräischen Bibel* zeichnen einen scharfen Gegensatz zwischen Baal und Jhwh (davon spielt 1Kön 18 auf dem Karmel!), dagegen gibt es Bibelstellen wie Nah 1,2–8, in denen die Traditionen so miteinander verwoben sind, dass man sich zurecht fragt, inwiefern von der Bevölkerung in der Region um Megiddo und Hazor (→ Karte auf S. 31) die Gottheiten Jhwh, Adad und «Baal»/«Herr» als verschieden voneinander wahrgenommen wurden (siehe hierzu Angelika Berlejung, 91–136).

Zu Beginn des Nahumbuchs fallen «göttlicher Zorn» und «übertragene Sprache» zusammen. Einst verwurzelt in der Alltagserfahrung und mit seinen Gottesbildern in der Tradition verankert, waren sie daher in der breiten Gesellschaft intuitiv verständlich. Ausleger/-innen des 20. Jahrhunderts wie Dorothee Sölle oder Kurt Marti würden das Theopoesie nennen (siehe z. B. Sölle).

Gedankenspielereien

Wohin führt es, wenn Nah 1,2–8 als volkstümlicher Traditionsmix gelesen wird? Spekulativ angegangen führt das zu zwei Gedankenspielereien: Die erste fragt nach den politischen Aspekten der mythologischen Erzählstränge im Nahumbuch, die zweite nach interreligiösen Stammtischen vor unserer Zeit.

JHWH und die anderen Gottheiten

Die mythologischen Anspielungen in Nah 1,2–8 erscheinen deutlicher, wenn in Nah 1,2 wie oben wörtlich übersetzt wird: «ein Herr des Zorns». Keine Übersetzung kann den Originaltext wirklich abbilden. Beim Übertragen in eine andere Sprache muss häufig eine Wahl getroffen werden: Welche Mehrdeutigkeiten kann ich bewahren? Welche Assoziationen gebe ich zugunsten anderer Entsprechungen auf? Die Zürcher Bibel übersetzt hier – ebenfalls korrekt – «voller Zorn» (neue Übersetzung von 2007) oder «voller Grimm» (Übersetzung von 1931). Wieso? Weil «Herr/-in + Genitiv» im Hebräischen eine typische Ausdrucksweise ist, um «die Verfügung über etwas», «die Teilhabe an etwas» oder «die Eigenschaft von etwas» auszudrücken: «Der Herr über dein Geheimnis» ist deutsch «dein Vertrauter» (Sir 6,6), «der Herr des Pfeils» ist ein Ausdruck für «Pfeilschütze» (Gen 49,23), der «Herr der Frau» (beispielsweise Dtn 22,22) ist «der Ehemann» (wobei hier in rechtlicher Perspektive tatsächlich der Verfügungs- und Besitzaspekt zum Ausdruck gebracht wird). Ganz ungeläufig ist das auch in unseren indoeuropäischen Sprachen nicht, so kann ich Herrin «meiner Agenda» sein oder neudeutsch ein «Master of Disaster».

Weiter vom deutschen Sprachgefühl entfernt sind «ein Herr über die Träume», der einer ist, der «mit der Gabe des Traumdeutens begabt» (Gen 37,19) ist. Genauso bedeutet eine «Herrin der Zauberei», dass eine «der Zauberei mächtig» oder «zaubermächtig» ist (Nah 3,4), und «ein Herr des Zorns» bezeichnet eben einen, der «zornmächtig» oder «voller Zorn» ist (Nah 1,2).

Diese Bildungen erscheinen womöglich umständlich. Wieso dann nicht gleich das Adjektiv verwenden? Antike semitische

Sprachen haben im Vergleich zu modernen indogermanischen Sprachen nur sehr wenige Adjektive und beschreiben Dinge und Personen generell gerne mit Wortgefügen, wie gerade «Herr/-in + Genitiv» eines ist.

Der Herr der Weisheit im akkadischen Hymnus und ein Herr des Zorns im hebräischen Nahumbuch sind daher aus sprachbeschreibendem Blick eindeutige Parallelen. Beide Passagen könn(t)en auch mit Adjektiven übersetzt werden: «weisheits-voll», «weise» respektive «zorn-voll», «zornig».

Welche Assoziationen gehen aber verloren, wenn statt «Herr von» oder «Herrin von» deutsch korrekt mit einem Adjektiv übersetzt wird? Die Konnotation mit Macht und Hierarchie – in Texten mit mythologischem Inhalt oder zumindest mythologischen Anspielungen der Verweis auf die göttliche Sphäre.

Je nachdem wie gross man sich die Leseportionen des Nahumbuchs einteilt, kann man im Nahumbuch verschiedene mythologische Aussagen versteckt sehen.

Die eine würde in der Zusammenschau der Verse mit «Herr» (Baal) und «Herrin» (Baalat) sichtbar, Nah 1,2 und Nah 3,4: In der Figur der Stadt-Frau Ninive, die von Jhwh entblösst wird, verbirgt sich dann (auch) die göttliche Herrin von Ninive, hebr. Baalat (entspricht akkad. Bēlet), Istar. So kann man die Zerstörung Ninives als Niederlage von Istar gegenüber Jhwh interpretieren (→ Nah 3,1–7: Sexualisierte Gewalt gegen die Stadt-Frau Ninive).

Eine andere – deutungsoffenere – Zusammenschau würde Nah 1,2, in einem einzigen Satz erlauben: «Jhwh ist ein eifersüchtiger Gott (El) […] … und ein Herr (Baal).»

So wie man HERR hier als Anspielung auf den Gott «Baal» verstehen kann, kann man das hier stehende Wort für Gott als Anspielung auf den ebenfalls im Norden der Levante (z.B. in Ugarit) verbreiteten Göttervater «El» verstehen. In diesem Fall wäre die theologische Aussage entweder, dass JHWH alle diese Götter ist. Wie man das in unseren Worten ausdrücken soll, ist schwierig zu entscheiden, vielleicht als «ihre Persönlichkeiten und Eigenschaften sind Aspekte von JHWH». Das wäre am ehesten eine Form von religionstheologischem Inklusivismus. Oder es soll verstanden werden, dass JHWH eben der einzig richtige «El» und «Baal» ist, das wäre dann eine Form von abgrenzendem Exklusivismus.

Interreligiöse Stammtische vor unserer Zeit

Traditionell werden von der Forschung in den alttestamentlichen Schriften eher exklusivistische Stimmen identifiziert (JHWH und sonst kein Gott). Aufgrund der biblisch und ausserbiblisch überlieferten Eigennamen und wegen archäologischen Funden (Amulette, Heiligtümer etc.) wird dann eine davon abweichende Vielfalt festgestellt, eine Pluralität rekonstruiert, die mit den biblischen Stimmen konkurrenziert. Tatsächlich gibt es auch in der Handschriftenüberlieferung die Tendenz, Baal-haltige Namen zu entstellen: Der Sohn Sauls, Meri-baal wird an den meisten Stellen zu Mefi-boschät; «Baal», «Herr» wurde durch «Schande» ersetzt. Die frühen griechischen Übersetzungen spiegeln diese Lesetradition wider, indem sie selbst in der bereits erwähnten Passage am Karmel (1Kön 18) Baal zweimal mit dem griechischen Ausdruck für «Schande» übersetzen.

Doch muss Nah 1,2–8 zu allen Zeiten exklusivistisch verstanden worden sein? Othmar Keel hat in der materiellen Kultur der südlichen Levante «interkulturelle Ligaturen», also kulturübergreifende Verbindungen oder Zusammenzüge, zwischen Baal und dem ägyptischen Gott Seth bereits für das 13.–10. Jahrhundert vor Christus nachgewiesen und erkennt den interkulturell adaptierbaren Typus des Wettergottes auch in einzelnen Psalmen (Keel). Im akkadischen *Ludlul bēl nēmeqi* (siehe oben) kann man eine Adaption oder eine «interkulturelle Ligatur» für den mesopotamischen Raum erkennen, und das in einem Text, der in neuassyrischer, neubabylonischer und persischer Zeit mit Manuskriptfunden von Sultantepe über Assur bis Babylon breit belegt ist (siehe Alan Lenzi, zu den Ortschaften die Karte auf S. 47). Das neuassyrische Imperium hat Menschen im grossen Stil deportiert, es handelte sich dabei um strategische Umsiedlungen in verschiedene Richtungen. Auch die Levante wurde zur Vielvölkerheimat. Kann JHWH im international bekannten Wettergott-Ornat eines Baal-Typs, versehen mit dem lokalen Heimkolorit des Nordens nicht auch seinen Mantel aufspannen? Darf man sich «interreligiöse Stammtische» und «Diskussionen um gegenseitigen Inklusivismus» in der Praxis wirklich nicht so vorstellen, dass sie sich literarisch produktiv niedergeschlagen haben und neben vielen exklusivistischen Stellen auch im biblischen Kanon bestehen blieben?

Nah 1,9–2,3: Dornen- und Wortgestrüpp

Wer die Bibel an dieser Stelle aufschlägt, sieht sich rätselhaften Versen, einem veritablen Wortgestrüpp, gegenüber, die für Übersetzer/-innen aller Zeiten eine Herausforderung darstellen. Insbesondere in der Neuzeit hat man versucht, einen zusammenhängenden Text im modernen Sinne zu (re-)konstruieren. Hierzu wurden Umstellungen und freie Textänderungen (Konjekturen) vorgenommen sowie nach Belieben stellenweise auf die Septuaginta des Nahumbuchs (die antike griechische Übersetzung) zurückgegriffen.

In Kommentaren, Zeitschriftenbeiträgen und Lexikonartikeln finden sich zahlreiche Vorschläge, wie die Passage zu verstehen sein könnte (Literaturangaben in Grütter, 41). Eine überzeugende Lösung für die vielen verschiedenen Probleme in Nah 1,9–2,3 wurde trotz der Bemühungen nicht gefunden. Eine dem Text angemessene Sicht (⟶ Schriftverständnis und Leseerwartung) bietet Lothar Perlitt:

«Die 7 Verse zwischen dem Eingangspsalm (1,2–8) und dem ersten grossen Gerichtswort gegen Ninive (2,2–14) bilden keine literarische oder gar rhetorische Einheit, sondern sind ein schwer entwirrbares Gemisch von Fragmenten, die zwischen die formal und inhaltlich deutlich bestimmbaren Kontexte geraten sind. [… Ü]ber die Entstehungsgeschichte des Abschnitts war und ist wohl keine Einigkeit zu erzielen. Die raffiniertesten Rekonstruktionsversuche bestätigen nur, was sie aufheben sollen: das kompositorische Chaos. Es empfiehlt sich, die Fragmente je für sich auszulegen.» (Perlitt, 12–13)

Die Schwierigkeit bleibt, wie man einzelne Verse und Versteile stimmig übersetzen soll: Übersetzungen haben die Aufgabe, ein Wort des Ausgangstextes in ein Wort oder eine Wendung der Zielsprache zu überführen und dabei die passendste Auswahl aus einer Reihe von Möglichkeiten zu treffen. Weil die Bedeutungsfelder einzelner Wörter von Sprache zu Sprache nicht identisch sind, muss die Entscheidung der Übersetzer/-in den Kontext einbeziehen. Nun fehlt dieser aber gerade für Passagen von versammelten, kurzen Sprüchen. Dies erklärt die Unterschiede, die beispielsweise zwischen dem «Zu Dornengestrüpp sind sie verflochten, und wie es ihrem Zechen entspricht sind sie betrunken, wie das trockene Stoppelfeld werden sie gefressen, ganz und gar!» (Nah 1,10) der Zürcher Bibel und anderen zeitgenössischen Bibelübersetzungen auftreten. Nicht minder vielfältig sind die antiken Übersetzungen und die Auslegung der einzelnen Verse und Teilverse von Nah 1,9–2,3 (→ Wirkungs- und Rezeptionsgeschichte des Nahumbuchs).

Nah 2,4–3,19: Der Untergang der Stadt Ninive

In seiner Blütezeit, dem 7. Jh. v. Chr., hatte sich das neuassyrische Reich vom neuassyrischen Kernland (Dreieck zwischen Ninive, Assur und Kalḫu) ausgedehnt bis zum iranischen Gebirge im Nordosten, an den Persischen Golf im Süden und das Mittelmeer im Westen. Als seine Hauptstadt übertraf Ninive jede andere Stadt der damals bekannten Welt an Grösse, Prunk und Pomp.

Gross gemacht hatte die Stadt insbesondere der neuassyrische König Sanherib (Regierungszeit 705–681 v. Chr.). Sein Sohn Asarhaddon (Regierungszeit 680–669 v. Chr.) führte den Ausbau fort, der auf dem Rücken der eroberten Gebiete erfolgte – auch auf dem Rücken der Stadtstaaten der Levante, wie Asarhaddon u. a. beim Bau des neuen Zeughauses von Ninive stolz festhält (HTAT 188): Er habe – um mehr Platz für seine Kavallerie und die erbeuteten Kriegsschätze zu haben – Kriegsgefangene für den Neubau eingesetzt und zweiundzwanzig unterworfene Könige aus dem «neuassyrischen Westen», darunter Manasse, den König von Juda, der in Jerusalem residierte, zur Kasse gebeten. Sie mussten die kostbarsten Baumaterialien für seine Palastbauten liefern.

Noch heute ist die extravagante Pracht Ninives anhand von archäologischen Funden fragmentarisch greifbar: Insbesondere die Palastruinen und die darin gefundenen Wandreliefs zeigen, wie die Sargoniden, König Sanherib und seine Nachfolger Asarhaddon und Assurbanipal, sich als Herrscher in Szene setzen liessen und ihre Dominanz über die eroberten Völker medienwirksam propagiert haben. Beispielhaft ist die Darstellung der neuassyrischen Machtentfaltung nach Westen mittels der eroberten Stadt Lachisch im Norden Jerusalems: Das Relief in Raum 36 des *Südwestpalastes* ist architektonisch geschickt platziert worden und war von einem Innenhof einsehbar. Es orientierte die Palastbesucher – darunter wohl auch die «zwangseingeladenen» Söhne aus den Eliten der eroberten Gebiete, die Monate bis Jahre am Hofe verweilten, bevor sie «assyrianisiert» zurückgeschickt wurden – über die Stärke der neuassyrischen Armee, aber auch darüber, wie unterschiedlich der Umgang mit loyalen versus abtrünnigen Eroberten war (Staubli, 250–252). Auch im Westen war diese Propaganda sichtbar, insbesondere die im ganzen Reich aufgestellten Steinstelen zeigen die Könige und ihren Herrschaftsanspruch (zur Bild- und Bau-Propaganda im Westen detailliert Christoph Uehlinger 1997).

Aber nicht nur die neuassyrische Bildsprache war den Leuten in der Levante geläufig: In Jerusalem, in Samaria und in den übrigen Städten samt Umland erlebte man insbesondere die Schattenseiten des neuassyrischen Reiches immer wieder: Im Schnitt standen alle drei Jahre neuassyrische Truppen vor den Toren, die in Strafexpeditionen heimische Städte belagerten, neu eroberten, oder einfach auf dem Weg zu Schlachten in Ägypten durchzogen – und verpflegt werden wollten. Auf einen erfolgreichen Feldzug gegen Ägypten, die Eroberung Thebens 664 v. Chr., spielt Nah 3,8 an (*No-Amon,* deutsch: Stadt des Gottes Amon). Hin- sowie Rückweg führte durch die südliche Levante.

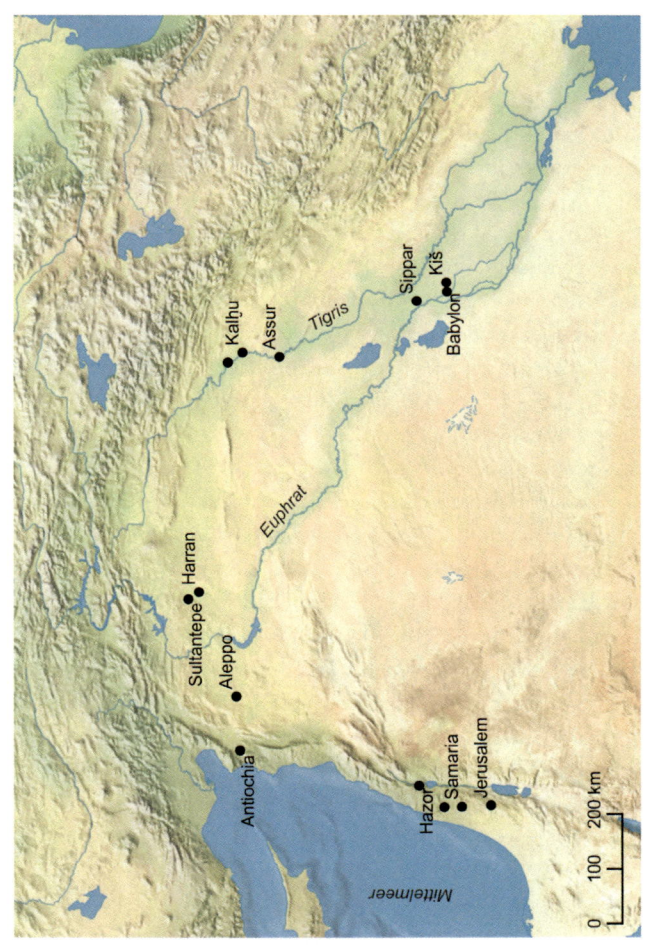

© Margareth Warburton
(für verwendete Quellen und Datensets siehe Literatur)

Begonnen hatten die Neuassyrer mit ihrer «Westexpansion» bereits im 8. Jh. v. Chr. Seither war oder wurde man in der Levante nachgerade zum Vasallenstaat und musste hohe Tributzahlungen entrichten, oder man war oder wurde zur neuassyrischen Provinz mit fremder Verwaltung. So oder so: Man wurde Teil des strategisch aufgebauten Verkehrs- und Handelsnetzes der Neuassyrer. Wer die Gefechte überlebt hatte, profitierte je nach Gesellschaftsschicht und politischem Geschick vom ökonomischen Aufschwung oder wurde mitsamt dem ganzen Hausrat in andere Reichsgebiete deportiert. Nur ein kleinerer Teil durfte in der angestammten Heimat wohnen bleiben. Die neuassyrische Verwaltung war ein perfekt justierter Apparat, der Menschengruppen gut organisierte und in «ganz Assyrien» – wer erobert war, galt fortan als assyrisch – verschob. Auf diese Weise wurden die regionalen Machtstrukturen nachhaltig geschwächt und vielerorts entstand eine Mischgesellschaft. Über die Umsiedlungsprozesse wurde akribisch Buch geführt, Reliefs zeigen Schreiber beim Führen dieser Listen. Einige Keilschrifttafeln mit solchen Listen haben die Zeit überdauert. Nichts sollte verloren gehen oder unterschlagen werden, die Ressource «Mensch» sollte ausreichend verpflegt am Ziel ankommen. Die breite Bevölkerung wurde als Arbeitskräfte in andere Provinzen verschoben, um beim Ausbau zu helfen und fortan dort zu leben. Spezialkräfte wie Handwerker/-innen und Schreiber/-innen sowie die Elite wurden in die Hauptstadt verfrachtet und trugen dazu bei, dass Ninives Prestige ins Unermessliche wuchs.

Dann begann das neuassyrische Reich, wie viele Imperien, immer stärker Zeichen des Verfalls aufzuweisen. Rückblickend gilt Assurbanipal (668–631 v. Chr.) als letzter grosser neuassyrischer König. Nach verschiedenen Gebietseinbussen wurde die

Hauptstadt Ninive knapp zwanzig Jahre nach Assurbanipals Tod von einer militärischen Allianz aus Babyloniern und Medern erobert und zerstört. Diesen Zerfall von Dynastie und Grossreich thematisiert das Nahumbuch in Nah 2,4–3,18. Es bezeugt eine Aussenperspektive – nur selten überdauern in der Geschichte die Stimmen der politisch unterlegenen und eroberten Gegner die Zeit. Allerdings bietet der biblische Text keinen Geschichtsabriss oder Augenzeugenbericht, sondern ein Gemenge an kürzeren Ausrufen und längeren «Kippbildern». Diese bedienen sich der neuassyrischen Propaganda und ihrer Bilder, verdrehen sie kunstvoll in eine von zynischem Spott triefende Persiflage: Gewaltsame Sprachbilder entstanden in gewaltsamen Zeiten. Um sie zu erhellen, gilt es zuerst stets, dem Sprachbild zu widerstehen: Auf welche Lebensrealitäten wird tatsächlich Bezug genommen? Mit den so gewonnenen Einsichten kann dann mit Gewinn dem Sprachbild gefolgt werden: Worin liegt die Pointe?

Nah 2,12–2,14: Löwen und Politsatire

Global gesehen sind Löwen heute vor allem in Zoos oder auf Safari anzutreffen, ihr natürlicher Lebensraum ist bedroht. Regional gibt es noch einige wenige Territorien, in denen Menschen und Löwen zusammenleben wie vor zwei- und dreitausend Jahren. Dort sind menschliche Blicke auf Löwen ambivalent geblieben, oszillieren zwischen Ehrfurcht vor Stärke und Majestät auf der einen Seite, begründeter Angst und Abwehr auf der anderen Seite. Zur Zeit, als das Nahumbuch entstand, gab es einen gemeinsamen Erfahrungsraum der Menschen in Mesopotamien, der Levante und Afrika: Löwen überfielen Karawanen und Sied-

«Siegesstele» Asarhaddons (Sendschirli) © Vorderasiatisches Museum Berlin

lungen, rissen Nutztiere, jagten in Gruppen oder lauerten hinter Felsen und Gebüschen allem Lebendigen auf, das vorüberkam. Nah 2,12–14 ruft dieses Wissen ab, gleichzeitig merkt man gegen Ende der Passage, dass die Löwen hier für Menschen stehen – doch für welche?

> «Wo ist die Behausung der Löwen, wo die Weide der jungen Löwen, wohin der Löwe sich zurückzog, wo der Löwe sich aufhielt und keiner ihn aufschreckte? Der Löwe riss für seine Jungen, und für seine Löwinnen würgte er, und seine Höhlen füllte er mit Raub und seine Behausungen mit gerissener Beute! Sieh, ich gehe gegen dich vor! Spruch von Jhwh Zebaot. Und ihre Wagen lasse ich in Rauch aufgehen. Und deine jungen Löwen frisst das Schwert! Und deinem Reissen mache ich ein Ende im Land, und die Stimme deiner Boten wird nicht mehr gehört!» (Nah 2,12–14)

Dem Sprachbild widerstehen: Löwenpropaganda

Sich als Löwe oder Löwin darzustellen oder über Löwen zu gebieten, lässt einen selbst als stark, bedrohlich, überlegen und majestätisch erscheinen. Darum arbeitete die neuassyrische Königsfamilie – später auch die neubabylonische – sehr stark mit Löwenbildern. Sie konnte sich auf eine jahrtausendealte Tradition berufen, die Löwen und Löwinnen gerne nutzte, um kriegerische und herrschaftliche Charakterzüge von Königen und Gottheiten zu unterstreichen:

König Asarhaddon bezeichnete sich beispielsweise selbst als «gnadenlos im Kampf» und als ein «wütender Löwe» auf der Inschrift der Stelenserie, die er nach seinem Erfolg im ägyptischen Memphis 671 v. Chr. in Auftrag gab, um sie dann an mehreren Orten im neuassyrischen Westen aufzustellen (→ Abbildung «Siegesstele» auf S. 50). Gefunden wurden bislang drei Exemplare sowie verschiedene Fragmente von weiteren Stelen und Textabschriften auf Keilschrifttafeln. Auf der Rückseite der Stele findet sich ein Istar-Fluch, der angesichts Nah 2,11 und Nah 3,13 von Interesse ist (→ Nah 3,1–7).

Die Göttin Istar, die Göttin des Krieges und der erotischen Liebe, wurde in Mesopotamien über verschiedene Epochen hinweg *als* Löwin und *mit* Löwin dargestellt. Im neuassyrischen Reich wurde sie prominent in Ninive verehrt, teils zusammen, teils «verschmolzen» mit der barmherzigen (Mutter-)Gottheit Mullissu. Mullissu gilt ihrerseits in neuassyrischen prophetischen Texten als Mutter bzw. Amme von Asarhaddons Sohn Assurbanipal (zu Istar und Mullissu siehe Manfred Weippert, 13–31).

Auch das Bezwingen von Löwen diente dem Image. Der neuassyrische König, der einen aufgerichteten Löwen im Zweikampf mit dem Schwert tötet, war das Sujet, das seit Sargon II. das Königssiegel zierte. Damit wurden seine Korrespondenz aber auch für ihn bestimmte Güter im ganzen Land gesiegelt – Abdrücke des Siegels wurden auch in Samaria gefunden. Insbesondere Assurbanipal war es ein Anliegen, sich als Löwenbezwinger darzustellen: Er hat nicht nur die traditionellen Löwenjagden veranstaltet und Löwenopfer dargebracht, sondern sich in dieser Rolle als königlicher Held auch auf imposanten Reliefs darstellen lassen (→ Abbildung «Löwenkampf» auf S. 53). Er schreibt zu einer solchen Szene:

«Ich, Assurbanipal, König der Welt, König von Assyrien, dem (der Gott) Assur (und) die Göttin Mullissu außergewöhnliche Stärke verliehen haben, stellte den scharfen Bogen der Göttin Istar – der Herrin des Kampfes – über den Löwen auf, die ich getötet hatte. Ich brachte ein Opfer über ihnen dar und goss Wein über sie aus.» (Assurbanipal 58, 1–3)

Die rituelle Löwenjagd der neuassyrischen Könige fusst in ihrer Aufgabe, das Land und die Bevölkerung zu schützen und das Chaos und die Wildnis zurückzudrängen: Unkontrollierte Löwenpopulationen konnten sich zu wahren Landplagen auswachsen – bereits im viel älteren Gilgamesch-Epos diskutieren die mesopotamischen Götter miteinander, ob statt einer grossen Flut nicht eine Löwenplage eine gute Strafe für die Menschheit gewesen wäre. Zur Zeit Assurbanipals ging es aber nicht (mehr) darum, dass der König in die Wildnis zog und jagte, sondern es wurden Löwen und Löwinnen gefangen und dann für die rituelle Jagd mit Streitwagen und auch für den finalen Zweikampf aus Käfigen freigelassen.

«Löwenkampf»: Ausschnitt aus dem neuassyrischen Relief BM124850, zeigt Assurbanipal in der Arena, wie er vom Wagen aus einen Löwen erlegt © The Trustees of the British Museum

Dem Sprachbild folgen: Löwen am Ende

Wie die neuassyrische Propaganda bedient sich auch das Nahumbuch beider Blicke von Menschen auf Löwen: sowohl des ehrfurchtvollen als auch des ablehnenden.

Nah 2,12–14 spielt auf die Selbstidentifikation der neuassyrischen Königsfamilie mit Löwen und Löwinnen an. Dass sie ihre eigene Behausung mit Raubgut befüllt haben, erinnert an die Ausbeutung der eroberten Gebiete, wie Asarhaddon sie im erwähnten Baubericht des Zeughauses von Ninive geschildert hat. Das perfide an diesem Kippbild ist aber, dass der namentlich nicht genannte neuassyrische König in Doppelfunktion erscheint: Er ist zuerst der reissende Löwe, der für seine Familie, seine Söhne und Frauen Schätze erbeutet und an dessen Behausung (Ninive) sich niemand herantraut. Dann ist er zugleich aber auch der streitwagenfahrende König, der Löwen im Ritual und Menschen im Krieg jagt. Diesem König und seinem ausgefeilten Verwaltungs- und Botensystem wird der Untergang angesagt. Seine eigenen Löwensöhne sollen im Krieg sterben. Auf verbaler Ebene wird Ninive und sein König geschlagen von den eigenen Bildern und mit den eigenen Waffen, von Jhwh Zebaot, der sich in seinem Spruch als Sieger über die Neuassyrer ankündigt. Zebaot ist der häufigste Titel, der in verschiedenen Büchern der Bibel einem jeweils unterschiedlich charakterisierten Jhwh beigestellt wird. Die ursprüngliche Bedeutung von Zebaot ist ungeklärt, je nach Bibelstelle oder/und Wortherkunftsthese wird «himmlisches Heer», «menschliches Heer», «Mächtigkeit» oder «Thronender» favorisiert. Im Nahumbuch unterstreicht der Titel die Erhabenheit Jhwhs, er erscheint als kriegerischer, parteiischer Gott, der den neuassyrischen König und die Götter und Göttinnen, die mit ihm sind, für sein Volk besiegt.

Nah 3,1–7: Sexualisierte Gewalt gegen die Stadt-Frau Ninive

Städte personalisiert als Frauen darzustellen und sie in übertragener Sprache weiblich zu denken, hat im antiken Mittelmeerraum und im alten Orient Tradition (grammatisch sind sie ja auch meist feminin). Dargestellt werden zuweilen auch Schutzpatroninnen der Stadt – Göttinnen oder Königinnen. So ist beispielsweise auf einer in der Stadt Assur ausgegrabenen Stele Assurbanipals Königin Libbalisharrat mit einer Mauerkrone zu sehen. Erhalten ist auch die zugehörige Inschrift «Assurbanipal 2001»: «Abbild von Libbalisharrat, Königin von Assurbanipal, König der Welt, König von Assyrien» (→ Abbildung «Königin mit Mauerkrone»).

«Königin mit Mauerkrone»
© *BPK, Vorderasiatisches Museum, Staatliche Museen zu Berlin*

Stadt-Frauen sind stolze Frauenfiguren, die geehrt und geliebt werden. Mit dieser geschlechtlich konnotierten Vorstellung, die auch in der Bibel als Stilmittel belegt ist, hat solange niemand Probleme, bis es um interne Konflikte oder Angriffskriege geht. Dann nämlich kippt das erhabene Bild und die Stadt-Frau wird zum Opfer sexualisierter Gewalt genauso wie ihre Bewohnerinnen: blossgestellt, schutzlos und verheert. In Nah 3,1–7 ist das Opfer aus rhetorischer Perspektive eine «fremde Frau», die feindliche Stadt Ninive:

> Wehe, Stadt des vergossenen Bluts, bis oben hin voll von Lüge, von Beute, niemand beendet das Reissen! Peitschenknall und Räderdröhnen und dahinjagende Pferde und springende Wagen, wilde Reiter und flammende Schwerter und blitzende Speere und Erschlagene zuhauf und Leichen massenhaft, und endlos viele Leichname, man stolpert über ihre Körper: wegen der entsetzlichen Hurerei der Hure, voller Anmut und eine Herrin der Zauberei [der Zauberei mächtig], die Nationen verkauft hat durch ihre Hurerei und Sippen durch ihre Zauberei! Sieh, ich gehe gegen dich vor, Spruch von Jhwh Zebaot, und ich hebe dein Gewand hoch, bis über dein Gesicht, und lasse Nationen deine Blösse sehen und Königreiche deine Schande. Und ich werfe nach dir mit Abscheulichem und mache dich zuschanden und stelle dich zur Schau. Und jeder, der dich sieht, wird Reissaus nehmen vor dir und sagen: Ninive ist verwüstet! Wer wird ihr sein Beileid bezeugen? Wo soll ich Tröster suchen für dich?

Dem Sprachbild widerstehen: Frauenrealitäten

Die Diskussion, ob nun explizit von einer Vergewaltigung die Rede ist oder nicht, ist müssig. Vor dem Hintergrund anderer Stadt-Frauen-Passagen der *Hebräischen Bibel* ist klar, welche Bilder und Erfahrungen mit «ich hebe dein Gewand hoch, bis über dein Gesicht, und lasse Nationen deine Blösse sehen und Königreiche deine Schande» abgerufen werden: Es geht um gewaltsames Entblössen, öffentliche Schändung und Beschämung (ausführlich demonstriert für Ezechiel 16 in Stark 2012). Sexualisierte Gewalt gegen Frauen (und Kinder) gehört zu den zu oft vergessenen und verschwiegenen Kriegsverbrechen, die leider durch alle Zeiten hindurch belegt sind. Nah 3,1–7 setzt diese Erfahrung voraus. Statt diesen Aspekt des Sprachbilds krampfhaft zu negieren oder weg zu interpretieren (bezüglich Nah 3,1–7 zuletzt Fabry und Cook), sollte man vielmehr produktive Umgangsweisen mit Texten suchen, die gewalttätige Gottesbilder transportieren (→ Schwerpunkt feministisch-befreiungstheologische Theologie: Gerlinde Baumann).

Das vorliegende Kippbild kann seine Sprachmacht nur vor dem Hintergrund der realen Erfahrungen sexualisierter Gewalt gegen Frauen im Krieg, heute wie gestern, entfalten. Zudem zielt es wiederum als Politsatire auf eine bekannte, mächtige Frauenfigur Assyriens. Doch wer hat als Blaupause für die Stilfigur der Stadt-Frau Ninive Patin gestanden? Welche Frauen sind in Ninive anzutreffen? Frauen jedweden Standes, von Königinnen über Sklavinnen bis zu Göttinnen.

Neuassyrische Könige hatten zahlreiche Frauen und Nebenfrauen, auszugehen ist von mehreren hundert (übersetzen könnte man die Klassenbezeichnung dieser Frauen am ehesten mit «Eingeschlossene des Palastes»). Sie lebten in den verschiedenen «abgesperrten Palästen», von denen es alleine in Ninive drei gab und weitere in den verschiedenen Provinzen. Unter ihnen befanden sich nicht nur Assyrerinnen, sondern auch zahlreiche Frauen aus den eroberten Gebieten, vermutlich viele Fürstentöchter, auch solche aus der Levante.

Immer nur eine dieser Frauen galt als Königin. Sie hatte den zweitgrössten ökonomischen und politischen Spielraum aller Frauen im Reich, den grössten besass die Königinmutter, die Mutter des aktuellen Königs, – unter normalen Umständen. Eine Ausnahme trat unter Asarhaddon ein: Seine Königin starb 673 v. Chr., er war davor und danach über Jahre dauernd kränklich oder gar krank, und so füllte seine Mutter Naqia, die Königinmutter das Machtvakuum weiter aus: Sie setzte ihren Lieblingsenkel Assurbanipal als neuen Kronprinzen durch, entgegen der eigentlichen Thronnachfolgelinie. Aussergewöhnlich ist auch, dass nicht Asarhaddon, sondern sie die politischen Funktionäre des ganzen neuassyrischen Reiches einen Treueeid auf diese Thronfolgeregelung ablegen liess.

Naqia war keine Assyrerin und ihr nordwestsemitischer Name weist Richtung Westen, vielleicht in die Levante. Im neuassyrischen Kontext nannte sie sich teilweise *Zakutu,* das ist die akkadische Übersetzung von *Naqia* («die Reine»). Sie war wirtschaftlich und politisch ausserordentlich erfolgreich und im ganzen Reich bekannt. Eine These ist, dass Nah 3,1–7 auf Naqia anspielt (Cook), auch wenn sie beim tatsächlichen Untergang Ninives wohl nicht mehr gelebt haben dürfte. Aber auch an die Königin von Assurbanipal, Libbalisharrat (→ Abbildung «Königin mit Mauerkrone» auf S. 55), kann gedacht werden.

Allerdings war wohl die mächtigste Frau in Ninive die Göttin Istar und ihr Kult, der königshausstützende Prophezeiungen hervorbrachte (zur Frage von Identität oder Verschiedenheit von Istar von Ninive, Istar von Arbela und Mulissu in diesem Zusammenhang siehe wiederum Weippert, 13–31). Als Göttin der erotischen Liebe und des Krieges passen die Anschuldigungen «Hurerei» und «Zauberei» des Abschnitts perfekt zur Göttin: Hurerei ist die Negativdarstellung der erotischen Liebe, Zauberei ist die verunglimpfende Bezeichnung für den Istar-Kult, aber auch für neuassyrische Theologie generell. Istar gilt im Krieg als Unterstützerin des neuassyrischen Heers und sie wird auch in der «religiösen Aussenpolitik» (das ist natürlich ein anachronistischer Begriff) sichtbar als die «Neuassyrerin», mit der es sich die Götter der eroberten Gebiete verscherzen können. Der höchste Gott des Imperiums ist zwar Assur – aber dieser ist an den Berg Assur gebunden und in der neuassyrischen Konzeption nicht mobil. Dass Istar auch in den eroberten Gebieten als Aggressorin bekannt war, zeigt unter anderem die Inschrift auf der Rückseite der in Sendschirli gefundenen Siegesstele aus der Stelenserie Asarhaddons. Auf der Rückseite steht ein Warnfluch (Asarhaddon 98, 53b–56):

«Wer diese Stele von ihrem Ort entfernt und meinen eingravierten Namen auslöscht und seinen eigenen hinschreibt, sie mit Erde bedeckt, ins Wasser wirft, sie mit Feuer verbrennt oder sie an einen Ort stellt, wo sie nicht gesehen werden kann, den möge die Göttin Istar, Herrin des Krieges und der Schlacht, von einem Mann in eine Frau verwandeln, und möge sie ihn gefesselt zu den Füßen seines Feindes setzen.»

Ob die Leute in den eroberten Gebieten den Text vorgelesen bekommen haben, kann nicht bewiesen werden, ist aber nicht unwahrscheinlich. Auch sonst ist der Topos, dass «Männer zu Frauen werden» verbreitet und abwertend gemeint.

Dem Sprachbild folgen: Die böse, mächtige, fremde Stadt-Frau

Überführt man die Assoziationen, die bei einer bestimmten Königin(-mutter) oder der Göttin Istar mitschwingen, auf die rhetorische Schiene, in der Nah 3,1–7 angelegt ist, ergibt sich ein zynisches, gewalttriefendes Kippbild: Ninive, die Stadt, die sich selber für so viele Verbrechen verantwortlich zeichnet («Wehe, Stadt des vergossenen Bluts»), widerfährt alles – und das wegen sexueller und religiöser Verfehlungen («Hurerei der Hure, voller Anmut und eine Herrin der Zauberei») zurecht –, was die Neuassyrer anderen angetan oder angedroht haben: Die Stadt-Frau wird öffentlich geschändet. Der König resp. der Staatsgott Assur kann sie nicht beschützen (in der damaligen Rechtslogik zuallererst eine Schmach für und ein Verbrechen gegen den Mann).

Die einst so mächtige Stadt-Frau kann ihre Bewohner/-innen nicht schützen: Sie werden abtransportiert, so wie neuassyrische Könige sich auf Siegesstelen rühmen, Frauen, Nebenfrauen, Familie, ja den ganzen Hofstaat bezwungener Fürsten abtransportiert zu haben – so auch Asarhaddon auf der erwähnten Siegesstele über den nubisch-ägyptischen Pharao Taharqa, und das Nahumbuch selbst über das zuvor von den Neuassyrern eroberte ägyptische No-Amon: «Auch No-Amon musste in die Verbannung, ist in die Gefangenschaft gegangen. Auch seine Jüngsten wurden zerschmettert an allen Strassenecken, und über seine Vornehmen hat man das Los geworfen, und all seine Grossen sind gefesselt worden.» (Nah 3,10)

Dieses Schicksal blüht auch Ninive: «Und es steht fest: Sie wird weggeführt, hinaufgeführt, und ihre Mägde schluchzen, es hört sich an wie Tauben, sie schlagen sich an die Brust.» (Nah 2,8)

Auf der mythologischen Ebene verliert Istar gegen JHWH und wird von ihm auf eine Weise zugrundegerichtet, mit sexualisierter Gewalt, wie es Frauen im Krieg oft geschieht. Wenn man zudem Nah 3,13 hinzuzieht, «Sieh, dein Volk – nichts als Frauen in deiner Mitte! [...]», so kehrt sich Istars Fluch gegen ihr eigenes Volk inklusive den eigenen Soldaten: Alle werden zu Frauen.

Der Blick, den Nah 3,1–7 voraussetzt, kann mit einem Begriff der modernen Filmtheorie (geprägt von Laura Mulvey) auf den Punkt gebracht werden, dem *male gaze* (männlichen Blick): Drei Perspektiven, die der Fokuslenkung, die der männlichen Charaktere und die des Publikums sind von einer männlichen, heterosexuellen Perspektive her konzipiert, Frauen erscheinen dabei häufig als sexuelle Objekte. Das bedeutet nicht, dass alle Männer diese Textpassage als ansprechend empfinden. Es geht vielmehr um ein mehrschichtiges Erfassen des Textes durch Beschreibung. So lässt sich beispielsweise leicht erklären, wieso die oftmals prekären Alltagsrealitäten von «Huren» gar keine Rolle spielen. Ob die Frauen eine Wahl haben und ob sie ihren Lohn selbst behalten dürfen, wird nicht bedacht. Allenfalls findet im Hintergrund vielmehr eine Verdrehung der sozialen Abhängigkeiten statt («Mann» ist durch sein Begehren von der «Hure» abhängig und somit Opfer ihrer Gier). Eingesetzt wird das gängige Klischee, wonach «Füdle ond Gäld» die Welt regieren. Gleichsam bietet das so entworfene Deutungsmuster von Hurerei und/oder Prostitution das ideale Raster, imperiale Gier und Ausbeutung als schändlich zu kodieren und in einprägsamen Bildern zu kritisieren. Die Johannesoffenbarung wird gut fünfhundert Jahre später dieselbe Schiene fahren.

Nah 3,15–17: Heuschrecken, Krieg und Ausbeutung

Bereits bei den Löwen im Nahumbuch wurde deutlich: Bei *animal imagery* (bildlicher Redeweise hinsichtlich von Tieren) klafft schnell einmal ein Graben zwischen heutigen Leser/-innen in der Schweiz und einstigen Adressat/-innen des Nahumbuchs. Dies ist auch bei den Heuschrecken der Fall. Wer sie als lustige Einzelgänger kennt, die auf Bergwiesen oder im Garten umher hopsen, wird die Konnotationen und Assoziationen, die Nah 3,15–17 in der Levante und darüber hinaus wecken, nicht unmittelbar abrufen können, wenn Assur/Ninive angedroht wird:

> Dort wird Feuer dich fressen, das Schwert dich ausrotten. Es wird dich fressen wie die Heuschreckenbrut. Vermehre dich wie die Heuschreckenbrut, vermehre dich wie die Heuschrecke. Deine Kaufleute hast du zahlreicher gemacht als die Sterne am Himmel. Die Heuschreckenbrut hat sich gehäutet und ist davongeflogen! Deine Höflinge sind wie die Heuschrecken, und deine Schreiber wie ein Heuschreckenschwarm, der sich an einem kalten Tag an den Mauern niederlässt: Ist die Sonne aufgegangen, verschwinden sie, und ihr Ort ist unbekannt. Wo sie sind?

Dem Sprachbild widerstehen: Das grosse Fressen

Das hier verwendete Kippbild hat (minimum) zwei Seiten, die miteinander verglichen werden: Auf der einen Seite stehen Krieg (Schwert und Feuer) und Heuschrecken (Heuschrecke, Heuschreckenbrut, Heuschreckenschwarm). Auf der anderen Seite Menschengruppen (Kaufleute, Höflinge und Schreiber).

In vielen Teilen der Welt, von Afrika bis Asien, gibt es heute noch einen Zusammenhang zwischen Krieg und Heuschrecken. Es gibt im Grunde zwei Szenarien: 1) Einfallende Heuschreckenschwärme fressen den Menschen die Ernte weg, es kommt zu Hunger und Krieg aufgrund von Nahrungsmangel. 2) Bewaffnete Konflikte und Kriege hindern die örtliche Bevölkerung daran, an den bekannten Brutplätzen ansässiger Heuschrecken deren Nester zu zerstören. Darauf vermehren sich lokale Populationen übermässig, was in einer Heuschreckenplage und Hunger resultiert. Diese beiden Zusammenhänge kann man sowohl in alttestamentlichen Texten belegt sehen (zum Beispiel Ex 10,4–19, Joel 2,25; Jer 51,14.27; Jes 33,4) als auch in Keilschrifttexten, seit dem zweiten Jahrtausend vor Christus bis in neuassyrische Zeit (siehe dazu ausführlich Karen Radner).

Nah 3,15 verwendet drei verschiedene Heuschreckenbegriffe, die Zürcher Bibel übersetzt konsistent mit je einem deutschen Äquivalent: *jäläq* mit Heuschreckenbrut, *arbä* mit Heuschrecke und *gōb gōbāj* mit Heuschreckenschwarm. Das ist eine schöne Wahl – und eine Wahl muss getroffen werden, weil nicht ganz klar ist, was sich hinter den drei Begriffen eigentlich verbirgt: In den biblischen Texten sind zehn Begriffe für Heuschrecken identifiziert worden. Dabei herrscht kein Konsens darüber, ob die einzelnen Begriffe für verschiedene Arten oder unterschiedliche Entwicklungsstadien stehen oder ob gar verschiedene Dialektausdrücke vorliegen. Auch für die drei im Nahumbuch verwendeten Begriffe *jäläq, arbǟ* und *gōb gōbāj* lässt es sich nicht unstrittig festlegen (zu den Heuschreckenbegriffen im Nahumbuch detailliert Grütter, 190–236).

Die Menschengruppen, die aufgezählt werden, verweisen auf die Folgen der neuassyrischen Eroberung: Durch den Ausbau der Verkehrsnetze wurde auch der Handel gestärkt und der Transport von Waren erleichtert. Hinter den deutschen «Höflingen» und den «Schreibern» verbergen sich akkadische Lehnwörter im hebräischen Text. Sie lassen an die Verwaltungspolitik in den Provinzen und Vasallenstädten denken. In den Provinzen, also den Gebieten, die ganz dem neuassyrischen Reich einverleibt wurden (wie dem Nordreich mit der Hauptstadt Samaria 720 v. Chr.), setzte man assyrische Statthalter ein. Es handelte sich dabei um Eunuchen, die als Knaben an den Hof gekommen waren, sterilisiert und als Angehörige der Königsfamilie grossgezogen wurden. Sie galten als dem König gegenüber loyal, unter anderem weil sie gar keine eigene Dynastie gründen konnten. In den Vasallenstaaten (darunter auch Israel mit der Hauptstadt Jerusalem ebenfalls seit ca. 720 v. Chr.) wurden «Vertraute» eingesetzt, die die Staatsgeschäfte überwachten. Vasallenstaaten wie Israel mussten Tribut entrichten und auch in den Provinzen wie Samaria wurden regelmässig Steuern eingezogen. Vor Ort kümmerten sich Schreiber um allerlei administrative Belange der imperialen Verwaltung. Berühmt sind Darstellungen von Schreibern auf neuassyrischen Reliefs, die in zwei Sprachen Buch über die Kriegsbeute führen (→ Abbildung «Schreiber» auf S. 65): Ein Keilschriftschreiber und ein Alphabetschreiber, wie die unterschiedliche Schreibausrüstung zeigt, dokumentieren die «Waren» (dazu zählen jeweils auch Kriegsopfer und Kriegsgefangene) in Akkadisch sowie vermutlich in der aufkommenden Verkehrssprache des Westens, Aramäisch.

«Schreiber»: Ausschnitt aus dem neuassyrischen Relief BM 124955
© *The Trustees of the British Museum*

Dem Sprachbild folgen: Die Plage hat ein Ende

Endlich: Die Sonne ist aufgegangen und die Heuschreckenplage ist verschwunden! Die Fressfeinde sind fort. Wo sind sie nur hin? In Jerusalem sind sie nicht mehr, wohl auch nicht mehr in Samaria. Klar ist: Die Händler und Verwalter, die das neuassyrische

Imperium hervorbrachte, waren lästige Viecher, Insekten. Sind sie nun in Ninive? «Dort wird Feuer dich fressen, das Schwert dich ausrotten. Es wird dich fressen wie die Heuschreckenbrut.» (Nah 3,15). Dieser Vers ist zweideutig: Entweder man versteht, dass Ninive verzehrt wird, wie die Heuschreckenbrut ganze Ernten verzehrt, oder man interpretiert den Satz so, dass die Neuassyrer (Ninive samt verteidigendes Heer) verzehrt werden, wie die Heuschreckenbrut verzehrt wird, wenn man sie mit Feuer und Rauch bekämpft – oder aber mit einer Würze mariniert verspeist. Nicht nur die biblischen Speisegebote listen Heuschrecken als gängiges Nahrungsmittel auf, sie tauchen als Bestand des königlichen Banketts in diversen Quellen auf (Belege finden sich bei Radner, 19). So werden auf einem Relief im *Südwestpalast* von Ninive Heuschrecken als Delikatesse auf einem Spiess dem neuassyrischen König Sanherib serviert. Womöglich wird in Nah 3,15–17 also buchstäblich der Spiess umgedreht.

Dass hinter dem Heuschreckenschwarm an der Mauer auch ein kulinarischer Aspekt gesehen werden kann, bezeugt vielleicht indirekt die griechische Übersetzung, die Septuaginta. Sie übersetzt *gōb gōbāj*, «Heuschreckenbrut», hier mit einem sonst in der griechischen Bibel nicht belegten Wort *attelebos*. Dasselbe seltene Wort verwendet Herodot, wenn er schildert, dass ein Volk in der Region Libyen Heuschrecken fängt, sie an der Sonne dörrt, und sie zermahlen in die Milch schüttet, die dann getrunken wird (Herodot 4, 174).

Wirkungs- und Rezeptionsgeschichte des Nahumbuchs

Das Nahumbuch wird in zeitgenössischer Kunst, Musik und Literatur vernachlässigt. Überhaupt hat es in der Neuzeit wenig Aufmerksamkeit erhalten, das war jedoch nicht immer so. Verschiedene Epochen bezeugen intensive und vielseitige Auseinandersetzungen mit diesem schwierigen Text. Hier folgt eine Auswahl von der Antike bis zur Gegenwart. Nach allgemeinen Informationen wird beispielhaft ein Vers des Nahumbuchs aufgegriffen.

Die Nahumseptuaginta (^{LXX}Nah)

Das Wort Septuaginta kann für drei verschiedene Grössen stehen. 1) Im engen Sinne verstanden bezeichnet es die Übersetzung der Tora (der fünf Bücher Moses) ins Griechische im hellenistischen Alexandria durch jüdische Gelehrte im 3. Jh. v. Chr. (legendarisch überliefert im Aristeasbrief aus dem 2. Jh. v. Chr.). 2) In etwas weiterem Sinne wird Septuaginta für die jeweils erste Übersetzung der verschiedenen biblischen Schriftrollen ins Griechische verwendet. Man spricht dann über eine Nahumseptuaginta (^{LXX}Nah), eine Ezechielseptuaginta (^{LXX}Ez) usw. Der älteste griechische Text muss rekonstruiert werden aus einer Vielfalt an griechischen Handschriften und ausgesuchten Übersetzungen, Kommentarwerken und Liturgiebüchern. Berücksichtigt wird die Überlieferung bis zu und mit der byzantinischen Zeit (15. Jh. n. Chr.). 3) Im weiten Sinne bezeichnet Septuaginta die Zusammenfassung der übersetzten Schriften in christlichen Codices als Altes Testament in griechischer Sprache.

Hier geht es um die Nahumseptuaginta (^{LXX}Nah), also den mutmasslichen Text der ältesten griechischen Übersetzung dieses Buchs (ca. 2. Jh. v. Chr.). Bei einem Abgleich erscheint sie über weite Strecken schlicht eine sehr wortgetreue Übersetzung des hebräischen Bibeltextes zu sein. Interessant ist aber, dass die Nahumseptuaginta an einigen wenigen Stellen eine frühere Ausgabe des hebräischen Textes, als wir ihn heute kennen, widerspiegelt. Damit bezeugt die Nahumseptuaginta indirekt, dass noch nach der Zeit der ersten jüdischen Übersetzungen ins Griechische letzte redaktionelle Änderungen am hebräischen Text vorgenommen wurden und der Kanonisierungsprozess zwar sehr weit fortgeschritten, aber noch nicht ganz abgeschlossen war (→ Schriftverständnis und Leseerwartung). Ein sehr ähnlicher Befund liegt für vier weitere Bücher des Zwölfprophetenbuchs vor, für Amos, Habakuk, Zefanja und Haggai (Literaturhinweise Grütter, 256–260).

Nah 1,10 in der Nahumseptuaginta

Einer der schwierigsten Sätze des hebräischen Nahumbuchs liegt mit Nah 1,10 vor. Auch im Griechischen bleibt der Text unverständlich:

> «Denn bis zu ihrem Fundament wird er ausgetrocknet werden und wie der, (um den) sich eine Schlingpflanze windet, wird es aufgezehrt werden, und wie ein Halm, (der) vollständig ausgetrocknet ist.»
> (^{LXX}Nah 1,10 nach LXX.D)

Eine Parallelsetzung von Nah 1,10 des hebräischen Bibeltextes und der Nahumseptuaginta zeigt, dass keine Wörter weggelassen oder hinzugefügt wurden (Grütter, 43–44). Die Differenzen beruhen auf einer unterschiedlichen Deutung des Satzaufbaus des hebräischen Konsonantentextes und alternativen Lesungen und Deutungen seiner einzelnen Wörter (die heute etablierte Lesung des hebräischen Bibeltextes spiegelt *eine* von mehreren Lesetraditionen wider). Übersetzt wurde nach dem einzelnen Wortsinn, wie man ihn verstand. Verständnisschwierigkeiten auf der Satzebene wurden transparent weitergereicht und nicht etwa deutend vertuscht.

Das Nahumbuch: Funde in der judäischen Wüste

In der Judäischen Wüste wurden im 20. Jahrhundert zahlreiche Fragmente biblischer und nicht-biblischer Schriften gefunden, die meisten davon in hebräischer Sprache, einige aber auch auf Aramäisch und Griechisch. Viele der Fragmente sind sehr klein, teilweise kann man darauf nur einzelne Wörter oder Buchstaben lesen. Die wissenschaftliche Rekonstruktion gleicht dann der Arbeit an verschiedenen Puzzles, deren Teile durcheinandergeraten sind. Der berühmteste Fundort ist Qumran. (Eine allgemeinverständliche Einleitung dazu bietet Reinhard Kratz; einen Überblick über den aktuellen Forschungsstand Annette Steudel).

Die ältesten hebräischen Fragmente des Nahumbuchs stammen von Zitaten in einem antiken Kommentar, dem *Pescher Nahum,* gefunden in der vierten Höhle von Qumran (4QpNah, Pergament, datiert auf 2. Hälfte des 1. Jh. v.Chr.), und einer Zwölfprophetenbuchrolle aus dem Wadi Murabba'at (MUR88, Pergament, datiert auf Anfang 2. Jh. n.Chr.).

Ebenfalls aus dieser Zeit stammt eine antike griechische Übersetzung des Zwölfprophetenbuchs (griechisch: Dodekapropheton) aus Nahal Hever (NH, Pergament, unterschiedlich datiert auf 2. Hälfte des 1. Jh. v.Chr. oder auf 1. Jh. n.Chr.). Diese Handschrift bezeugt eine Revision der griechischen Septuagintaübersetzung: Angestrebt wurde eine Angleichung an den damals verbindlichen hebräischen Text (grundlegend: Dominique Barthélemy).

Fotografien dieser drei Handschriften sind online frei zugänglich über *The Leon Levy Dead Sea Scrolls Digital Library* (siehe Links im Literaturverzeichnis). Im Mai 2012 wurden weitere, kleine Fragmente gefunden, die bislang ebenfalls dem Dodekapropheton aus Nahal Hever zugeordnet werden. (Für eine erste Einschätzung siehe Timothy A. Lee).

Nah 2,12 im Pescher Nahum

Im Pescher Nahum wird der Bibeltext fortlaufend kommentiert. Einzelnen Ausdrücken oder Versteilen folgt unmittelbar die erklärende Auslegung. Leider ist der Pescher nur fragmentarisch erhalten. Dennoch wird ersichtlich, dass der Text auf das eigene Zeitgeschehen hin ausgelegt wurde.

Anhand des Begriffs «König von Assur» (Nah 3,18) kann gut gezeigt werden, dass das Nahumbuch für eine solche Auslegung prädestiniert ist. Bereits in einigen alttestamentlichen Schriften taucht der Begriff als eine Art Chiffre für den gerade herrschenden Grosskönig auf: Zum Beispiel steht in 2Kön 23,29 «Assyrien» für Babylonien und in Esra 6,22 dient der Titel «König von Assyrien» wohl als Bezeichnung für den Perserkönig.

Auch in den hebräischen und aramäischen Schriften von Qumran steht «Assur» für unterschiedliche Grössen: In hebräischen Passagen als geografische Bezeichnung für Syrien, aber auch als ethno-politischer Begriff für einerseits die nicht-griechische, sprich nicht-seleukidische Bevölkerung Syriens, andererseits als Synonym für die Seleukiden, das Nachfolgereich Alexanders des Grossen im Osten (sonst «Kittim»). In den aramäischen Passagen deckt «Assyrien» noch zusätzliche Bedeutungen ab; so scheint es nicht nur für den babylonischen König verwendet zu werden, sondern auch für das Grossreich Alexanders (siehe Reynolds, 317–319). Auch andere Grössen, wie der «Ruchlose» in Nah 2,1 (hebr. *beljal*) oder die Stadt Ninive können entsprechend dechiffriert werden.

Im Pescher Nahum ist die Passage von Nah 3,18 zwar nicht mehr erhalten, doch findet sich in der Auslegung von Nah 2,12 «Wo ist die Behausung der Löwen, wo die Weide der jungen Löwen, wohin der Löwe sich zurückzog, wo der Löwe sich aufhielt und keiner ihn aufschreckte?» der Hinweis, dass man zumindest diesen Löwen mit «[Deme]trius, der König von Griechenland» (im Text im Nominativ) identifiziert hat. Allerdings ist unklar, ob dieser mit Demetrius III. Eukaerus, dem Seleukidenkönig, der während Alexanders Herrschaft in Judäa einfiel, oder mit Demetrius I. Soter, dem seleukidischen König, der Juda Makkabäus 160 v. Chr. tötete (siehe hierzu Malka Z. Simkovich, 236), gleichzusetzen ist.

Das Nahumbuch in den rabbinischen Schriften

Das Nahumbuch wird in der rabbinischen Auslegungsgeschichte wenig behandelt. Dies wird aus dem «Jalkut Schimoni» ersichtlich, einer monumentalen Sammlung von Auslegungen der hebräischen Bibel, die im Mittelalter aus Talmud und Midrasch zusammengetragen und als fortlaufender Kommentar zu den einzelnen biblischen Büchern arrangiert wurden.

Für das Nahumbuch («Jalkut Schimoni Nahum» oder auch kurz «Jalkut Nahum») sind lediglich Interpretationen zu Nah 1,4; 1,7; 1,10; 1,12 sowie zu Nah 2,1, 2,4 und 2,5 überliefert. Damit schenken die rabbinischen Diskussionen den Versen mit der Schilderung von Ninives Untergang keinerlei Beachtung. Die Interpretationen der genannten Verse finden sich verteilt in sechs verschiedenen Quellen, wobei neun Interpretationen palästinischen und drei Interpretationen babylonischen rabbinischen Quellen entstammen (eine deutsche Übersetzung des «Jalkut Schimoni Nahum» samt Quellennachweis und Kommentierung bietet Marx, 38–40.228–231.410).

Nah 1,10 und 2 im babylonischen Talmud

Dass im Nahumbuch teilweise Einzelsprüche vorliegen, wurde bereits erörtert (Nah 1,9–2,3: Dornen- und Wortgestrüpp). Interessanterweise sind im babylonischen Talmud gleich drei verschiedene Auslegungen des schwierigen Verses Nah 1,12 «So spricht der HERR: Wenn sie auch unversehrt sind und noch so zahlreich, sie werden doch abgeschnitten, und es ist vorbei! Und habe ich dich auch gedemütigt, so werde ich dich nicht mehr demütigen!» überliefert – R. steht jeweils für Rabbi, das Bibelverszitat ist unterstrichen (Hervorhebung der Verfasserin):

> «R. Avira trug vor, zuweilen im Namen R. Amis und zuweilen im Namen R. Asis: Es heisst: <u>So spricht der Herr, wenn sie auch kräftig und viel sind, so werden sie doch abgeschnitten und dahin usw.</u> Wenn ein Mensch sieht, dass seine Nahrung knapp ist, so übe er damit Wohltätigkeit, um so mehr, wenn sie reichlich ist.»
> Babylonischer Talmud, Gittin I,1,7a–b

> «Was heisst: <u>so werden sie doch abgeschnitten und dahin?</u> – In der Schule R. Jišmaels wurde gelehrt: Wer sein Vermögen beschneidet und damit Wohltätigkeit übt, wird vor dem Strafgerichte des Fegefeuers gerettet. Dies ist mit dem Falle zu vergleichen, wenn zwei Schafe über ein Gewässer schwimmen, das eine geschoren und das andere ungeschoren; das geschorene kommt hinüber und das ungeschorene kommt nicht hinüber.»
> Babylonischer Talmud, Gittin I,1,7b

> «<u>Ich habe dich arm gemacht.</u> Mar Zutra sagte: Selbst ein Armer, der von Almosen lebt, übe Wohltätigkeit. <u>Ich werde dich nicht mehr arm sein lassen.</u>»
> Babylonischer Talmud, Gittin I,1,7b

Alle drei Auslegungen basieren im Kern auf unterschiedlichen grammatikalischen und semantischen Analysen der hebräischen Wörter (detailliert Grütter 2016, 233–235).

Das Nahumbuch und die Kirchenväter

Von den Kirchenvätern sind heute die Nahumkommentare von Hieronymus (347–419/420 n. Chr.), Theodor von Mopsuestia (352[?]–428 n. Chr.), Cyrill von Alexandria (375/80–444 n. Chr.) und Theodoret von Cyros (423–457 n. Chr.) erhalten. Nach Jörg Jeremias ist diesen frühen christlichen Werken die Grundhaltung gemeinsam, dass sie das Nahumbuch als Trostschrift für verfolgte Christ/-innen auslegen. Dabei werden, wie schon im Pescher Nahum, der Assyrerkönig, Ninive und der «Ruchlose» auf das zeitgenössische Geschehen hin gelesen. Es kommt dabei aber zu unterschiedlichen Interpretationen (siehe Jeremias, 9).

Nah 3,8 bei Hieronymus

Im hebräischen Bibeltext wird Ninive die ägyptische Stadt No-Ammon (Theben) vor Augen gestellt, die Mitte des 7. Jh. v. Chr. von den Neuassyrern erobert wurde. Hieronymus übersetzt den Städtenamen in seiner lateinischen Übersetzung, der Vulgata, mit «Alexandria populorum» (wörtlich «Alexandria der Völker» oder auch «Alexandria der Menge»).

In seinem Nahumkommentar schreibt er zur Stelle, sein jüdischer Mentor habe ihn auf die Möglichkeit hingewiesen, den Text «Numquid melior es quam No, Amon?» zu lesen, dabei bedeute «No» Alexandria und «Amon» Vielzahl (wörtlich: «multitudinem, sive populos»). Dies erkläre sich dadurch, dass sich der Text auf die Zeit vor Alexander dem Grossen beziehe, als die Stadt noch «No» geheissen habe – was nach heutigem Wissensstand nicht stimmt (Hieronymus, S. 562, Zeilen 273–284). Damit vertritt er implizit dieselbe Auslegung wie der aramäische Targum Jonathan zu Nah 3,8.

Weiter ist der Hinweis wichtig, dass Hieronymus in seinem Bibel-Kommentar den hebräischen und den griechischen Text (Septuaginta) passagenweise nacheinander kommentiert. Dabei ebnet Hieronymus die Unterschiede zwischen dem hebräischen und dem griechischen Bibeltext in seinen Kommentaren nie ein, vielmehr bietet er bei grösseren Unterschieden zwei Auslegungen – häufig liest er den hebräischen Text historisch, den Septuagintatext allegorisch und somit prophetisch. So auch angesichts von Nah 3,8. Dort bietet die Septuaginta einen Text ohne «No» (was vielleicht schon in der hebräischen Vorlage des griechischen Übersetzers der Fall war, siehe dazu Grütter, 167–189.237–250). In seinem Nahumkommentar gibt Hieronymus den Städtenamen des hebräischen Textes, «No-Amon» in der Zürcher Bibel, in lateinischen Buchstaben mit «No Amon» wieder, den des griechischen aber mit «Ammon». Anschliessend erwägt er die Gleichsetzung von «Ammon» mit dem Amman des heutigen Jordanien (bei ihm «Ammana», griechisch «Philadelphia»). Diese Deutung verwirft er dann aus geografischen Gründen (eigentlich müsste er sie aus sprachlichen Gründen verwerfen, denn die Stadt im heutigen Jordanien schrieb man auch früher schon mit dem Kehllaut *Ain* und nicht mit dem Kehllaut *Aleph,* der auch hinter dem griechischen Ammon stand). Schliesslich präsentiert er eine allegorische Deutung: Für «Ammon» im griechischen Text seien Ammon und Moab, die Söhne Lots, einzusetzen (Hieronymus, S. 564, Zeilen 324–432).

Die Zürcher Reformatoren und das Nahumbuch

Nach dem Tod von Huldrych Zwingli im Oktober 1531 im Zweiten Kappelerkrieg übernahm Theodor Bibliander (Buchmacher) *ad interim* Zwinglis exegetische Aufgaben und ein halbes Jahr später, im April 1532, wurde offiziell seine Nachfolge bestätigt. Daraufhin war er mit Konrad Pellikan, seinem Kollegen, für die Ausbildung der Zürcher Pfarrer zuständig, mit dem Schwerpunkt alttestamentliche Exegese (Moser, 1). Während Pellikan das Nahumbuch im Rahmen seines siebenbändigen, lateinischen Kommentars der gesamten Bibel übersetzte und behandelte, gehört Biblianders Übersetzung und Kommentierung des Nahumbuchs zu den wenigen seiner Druckerzeugnisse: Im Anschluss an seine Vorlesung über die zwölf kleinen Propheten (das Zwölfprophetenbuch) in der zweiten Jahreshälfte 1533 veröffentlichte er ein Büchlein über das Nahumbuch. Dieses enthielt die damals verbreitete lateinische Übersetzung des Hieronymus (die Vulgata) sowie eine eigene lateinische Übersetzung von Bibliander und seinen lateinischen Kommentar. Biblianders Nahum-Übersetzung habe sich, so Christine Christ-von Wedel, ganz vom Wortlaut der Vulgata freigemacht und stelle eine echte selbstständige Neuübersetzung dar. Von bemerkenswerter Selbstständigkeit zeuge auch seine Auslegung. Die Prophezeiungen wurden zunächst sehr sorgfältig in ihren ursprünglichen historischen Kontext gestellt und hierzu die verfügbaren antiken Historiker überlegt herangezogen. Auch gehen seine theologischen Auslegungen oft von philologisch erläuterten Begriffen aus. Zudem erachtete Bibliander den Text zwar für alle Zeiten und Völker geeignet, aber insbesondere erschien er ihm für seine eigene Zeit tauglich und er legte ihn auch noch spezifisch daraufhin aus (Christ-von Wedel, 37).

Nah 3,18 bei Zwingli

Dass auch Huldrych Zwingli sich mit dem Nahumbuch auseinandergesetzt hat, beweist ein Zitat aus dem Nahumbuch in Zwinglis Schrift «Wer Ursache gebe zu Aufruhr usw.» (7. Dezember resp. 28. Dezember 1524). Nach Arthur Rich meinte Zwingli mit dem Ausdruck «Aufrührer» zwar auch die «rebellischen Bauern und nonkonformistischen Täufergruppen» (wie Martin Luther), aber nicht in erster Linie. Vielmehr sei es ihm zuerst um die gegangen, «die zwar nicht so genannt sein wollen, dafür aber andere mit dieser Titulatur bewerfen», nämlich erstens die Bischöfe («die hohen bischoff»), zweitens Teile des übrigen Klerus («die übrigen zal der widerbefftzenden pfaffen, münchen, nonnen, voruß der äbten») und drittens die tyrannischen weltlichen Machthaber («die fürsten, gewaltigen und rychen diser welt»).

Es sei Zwingli demnach um diejenigen gegangen, die Macht hatten, ihre Macht jedoch im eigenen, sei es persönlichen oder klassenmässigen Interesse missbrauchten und andere unterdrückten und ausnutzten. Dieser «Aufruhr von oben» habe zum «Aufruhr von unten» geführt, was Zwingli zwar verstanden, aber trotzdem nicht gutgeheissen habe (so Rich, 78).

Das Nahumzitat fällt dann im dritten Teil der Schrift, den Zwingli einleitet mit «Wir habend in den beden vordren teilen die ufruorer, als ich hoff, warlich anzeigt. […] In disem dritten teil habend wir verheissen wäg anzeigen, durch die man zemen und in einträchtigheit kommen möcht.» [Nr. 42, 445]. Es lautet:

> «Naum 3. [Nahum 3. 19] spricht ouch also: Din zerknistung ist nit klein. Din wunden ist treffenlich böß. Alle, die von dir gehört, habend mit iren henden über dich klepfft; dann über welchen ist din boßheit nit all weg gangen?» [Nr. 42, 448]

In der Zürcher Bibel entspricht dies «Für deine Verletzung gibt es keine Milderung, deine Wunde ist unheilbar. Alle, die die Nachricht von dir hören, klatschen in die Hände über dich, denn wen hat nicht allezeit deine Bosheit getroffen?»

Zwingli benutzt Nah 3,19 im Kontext als Drohung, denn er fährt fort:

> «Die geschrifft aller propheten ist allenthalb voll, das gott mit der ruoten kommen wirt. Dann ir sind in den lastren, darumb er all weg die künig und gwaltigen gestraafft hatt. Nun hat er all weg ein art. Wie er im ye und ye geton hat, also thuot er im für und für. Darumb erman ich üch by üwerem eygnen nutz, den ir so ernstlich suochend, das ir nit wenind, ir wellind nutz schaffen oder widerbringen, so ir die treffenlichen mißbrüch schirmind. Denn warlich, warlich, ir werdend sunst umb üweren schwitz allen kommen; wiewol daran wenig ligt des christengloubens halben, denn allein, das ir dazwüschend den unschuldigen menschen vil unruow gestattend.» [Nr. 42, 448–449].

Was für Zwingli in «Wer Ursache gebe zu Aufruhr usw.» unter «mißbrüch» fungiert, scheint mannigfach – ökonomischer Machtmissbrauch durch Vertreter/-innen der Kirchenobrigkeit, aber auch Bräuche des Papsttums und die Bibelauslegung der Täuferbewegung. Mit dem Zitat aus Nah 3,19 führt er den «Gott der Geschichte» vor Augen, der eingreift und die tyrannischen Mächtigen bestraft. So kann es auch seinen Adressaten ergehen, weshalb sie besser von Missbrauch Abstand nehmen und ihn auch nicht schützen. Sein «Dann ir sind in den lastren, darumb er all weg die künig und gwaltigen gestrafft hatt» spielt auf Nah 3,18 an, wo es heisst: «Deine Hirten, König von Assur, sind eingeschlafen, deine Edlen liegen da, dein Volk ist zerstreut auf den Bergen, und da ist niemand, der sie sammelt.» Wie Gott in der Vergangenheit «künig» und «gewaltigen» gestraft hat, wird er es auch zukünftig tun.

Das Nahumbuch nach der europäischen Aufklärung

Schwerpunkt Poesie: Ludwig Philippson

Versteht man den Begriff «Poesie» im Anschluss an Roman Jakobson, der in der poetischen Funktion der Kommunikation «die Einstellung auf die Botschaft als solche» sieht, kommt das Augenmerk auf die «Spürbarkeit der Zeichen» zu liegen. Struktur und Semantik lassen sich dabei nicht trennen; Konventionen wie Metrum und Rhythmus aber auch Stilmittel wie Alliteration (Stabreim), verschiedene Reimarten, Parallelismen können als Ausprägungen der poetischen Funktion erklärt werden (siehe Jakobson, 92–94). Diese Definition von Poesie unterscheidet sich beispielsweise von jener der griechischen Antike. Dort bedeutete Poesie lediglich, dass ein Text in gebundener Sprache abgefasst war. Auch vor der Ausformulierung von Theorien wie der Jakobsons wurden weite Teile des Nahumbuchs als poetisch empfunden. Bei der Übersetzung bestand eine der Herausforderungen sodann darin, poetische Aspekte in die Zielsprache zu übersetzen.

Einer der ersten, der dies zu seinem Programm erklärt, ist Ludwig Philippson (1811–1889), geboren in Dessau, gestorben in Bonn (Angaben zu Philippson hier nach Hanna Liss 2020, 320–322). In der Schule nach modernen pädagogischen Konzepten der Haskala (der jüdischen Aufklärung im Europa des 18. und frühen 19. Jahrhunderts) erzogen, wird er Rabbiner und promoviert 1830 in Altphilologie. Zeit seines Lebens versucht er, zwischen Reformjudentum und Orthodoxie zu vermitteln. Er hat ein ausgeprägtes Interesse an Bibelauslegung und Bibelkritik. Gegenüber der Lutherbibel grenzt er sich aus wissenschaftlichen, literarischen und ästhetischen Gründen ab.

Bereits 1827 erscheint in Halle sein «Die Propheten Hosea, Jona, Obadja und Nahum in metrisch-deutscher Übersetzung» (unter dem Namen seines Bruders Phöbus). Zwischen 1839 und 1954 veröffentlicht er «sein Lebenswerk, die *Israelitische Bibel,* die neben dem hebräischen Bibeltext die deutsche Übersetzung sowie ausführliche Kommentare und Abbildungen enthält (berühmt ist heute vor allem die Prachtausgabe mit Holzschnitten von Gustav Doré, 1874–76).» (Liss 2020, 321). Die Bemühungen, poetische Aspekte des Nahumbuchs ins Deutsche zu übertragen, sind auch dort spürbar, und zum Beispiel in Nah 2,11 sichtbar:

> «Leer und ausgeleert und ganz verheert! Das Herz zerschmilzt, die Knien schlottern, in allen Lenden Beben, und Aller Antlitz verliert die Röthe.»

Mit dem sich dreimal rhythmisch wiederholenden Laut «eer» ahmt er das dreimalige «būk» des hebräischen Texts nach, der von der Zürcher Bibel mit «Leere und Öde und Verwüstung!» übersetzt wird. Aufgrund dieser und anderer Beispiele kann Philippsons Übersetzungsstil als Vorläufer von «Die Schrift. Verdeutscht von Martin Buber gemeinsam mit Franz Rosenzweig» angesehen werden.

Schwerpunkt Lexikografie: Kevin J. Cathcart

Das Nahumbuch ist über weite Strecken schwer verständlich, zuweilen auch einfach mehrdeutig oder unverständlich, da einzelne Sprüche ohne den ursprünglichen Kontext überliefert werden. Weil wir es im Falle des Alten Testaments mit einer antiken Sprach(stuf)e zu tun haben, die keine lebenden Sprecher/-innen mehr hat, für die aber Aufzeichnungen von Muttersprachler/-innen überliefert sind – darunter aber fast keine Dokumente aus dem Alltagsleben –, können heute nicht alle Sätze eindeutig erfasst werden. Auf der Wortebene fehlt uns zudem das enzyklopädische Wissen über die erwähnten Begriffe und Gegenstände (die Inhaltswörter): Welche Bedeutungen hatten sie in der damaligen Welt?

In Nahum kommen viele Wörter vor, die in der *Hebräischen Bibel* und im Hebräischen überhaupt nur sehr selten oder gar nur einmal, eben hier belegt sind. Ein Weg, das Wissen um die Bedeutung solcher biblisch-hebräischer Wörter zu erweitern, führt über die vergleichende Sprachwissenschaft, die sogenannte Komparatistik. Man bedient sich dafür der Methode, wie sie von der historischen und speziell der historisch-vergleichenden Sprachwissenschaft in den letzten 200 Jahren entwickelt wurde (siehe den Überblick bei Vittore Pisani). Die Wissenschaft der semitischen Sprachen, die komparative Semitistik, hat in den letzten beiden Jahrhunderten selbst eine rasante Weiterentwicklung durchlaufen: Einerseits hat sich die komparatistische Methodik verfeinert, andererseits wurden Sprachen wie das Ugaritische oder Akkadische erst wiederentdeckt (siehe den Beitrag von Takamitsu Muraoka).

Die aktuellen deutschsprachigen Hebräischlexika KBL³ («Hebräisches und aramäisches Lexikon zum Alten Testament», erschienen von 1967–1995), GesMD¹⁸ («Hebräisches und aramäisches Handwörterbuch über das Alte Testament», die 18. Ausgabe des Gesenius-Wörterbuchs, erschienen von 1987–2010) und KAHAL («Konzise und aktualisierte Ausgabe des Hebräischen und Aramäischen Lexikons zum Alten Testament» von 2013) bieten allesamt einen Abschnitt *Etymologie* (historische Untersuchung der Herkunft von Wörtern) mit sprachvergleichendem Material – und bauen dabei in substanzieller Weise auf der Grundlagenarbeit von Frants Buhl für die 17. Ausgabe des Gesenius-Wörterbuchs, GesB17 (1915), auf. Ohne Zweifel liegt mit GesB¹⁷ ein Meilenstein der hebräischen Lexikografie vor, der gar nicht hoch genug geschätzt werden kann (mehr dazu bei Hans-Peter Mathys).

In den Abschnitten zur Etymologie berücksichtigen diese drei Wörterbücher sprachlich verwandte Wörter der übrigen bekannten semitischen Sprachen. Dabei werden die semitischen Sprachen nach zeitlicher und/oder verwandtschaftlicher Nähe zum Hebräischen angeordnet, wobei in aller Regel nur alte, fast keine modernen semitischen Sprachen berücksichtigt werden. Das KAHAL beispielsweise legt folgende Reihenfolge fest:

«Ugaritisch – Altkanaanäisch – Phönizisch (evtl. Punisch) – Moabitisch (evtl. Ammonitisch) – Altaramäisch – Samʾalisch – Deir ʿAlla –

Reichsaramäisch – Biblischaramäisch – inschriftliches Hebräisch – Hebräisch der Texte von Qumran – Mittelhebräisch (die Sprache von Talmud und Midrasch) – Jüdisch-Aramäisch – Syrisch – Akkadisch (mit Eblaitisch) – Altsüdarabisch – Arabisch – Äthiopisch» (KAHAL, x)

Im letzten Jahrhundert hat sich besonders die Bewertung des Arabischen hinsichtlich seiner Nutzbarkeit für eine semitistische Komparatistik im Dienste der Hebraistik verändert: Einerseits lässt die Erschliessung zeitlich und/oder verwandtschaftlich näherstehender Sprachen wie das Ugaritische und verschiedene Stufen des Aramäischen das Arabische heute weiter in den Hintergrund rücken, andererseits verlangt die Weiterentwicklung der Komparatistik einen regelhafteren Umgang mit dem arabischen Material (ausführlich hierzu John Kaltner). Verschiedene Systematisierungsmodelle der Verwandtschaftsbeziehungen semitischer Sprachen diskutieren John Huehnergard und Aaron D. Rubin.

Für das Nahumbuch macht insbesondere Kevin J. Cathcart die sprachvergleichende Methode fruchtbar, ein irischer katholischer Theologe und emeritierter Professor für Orientalische Sprachen *(Near Eastern Languages)* des University College Dublin. Im Jahr 1973 erscheint seine Monografie, in der er das Nahumvokabular im Lichte der nordwestsemitischen Semitistik betrachtet und also vor allem ugaritische und phönizische Texte und Wortbelege heranzieht, um schwierige Vokabeln des Nahumbuchs zu erhellen. Mit dieser Bewegung weg von den arabischen Quellen löst sie das Vorgängerwerk zum Nahumbuch von Alfred Haldar ab.

Da viele Einträge nur für Semitist/-innen verständlich sind, soll hier der Hinweis genügen, dass Cathcart für Nah 2,8 «[…] und ihre Mägde schluchzen, es hört sich an wie Tauben, sie schlagen sich an die Brust.» für «schluchzen», für «wie Tauben» und für «sie schlagen sich an die Brust» verschiedene ugaritische und einzelne akkadische Quellen zusammenstellt, die – zusammen gelesen – zeigen, dass der hier verwendete Vergleich der Laute von trauernden oder verzweifelten (weiblichen) Kriegsgefangenen mit Taubenlauten damals über die Grenzen der südlichen Levante hinaus verständlich gewesen sein dürfte (Cathcart, 98–100).

Schwerpunkt feministische Befreiungstheologie:
Gerlinde Baumann

Gegen Ende des 20. Jahrhunderts und Anfang des 21. Jahrhunderts erwacht das Interesse für das Nahumbuch in der europäischen und nordamerikanischen feministischen Theologie. In den Fokus kommt die Darstellung sexueller Gewalthandlungen gegen Stadt-Frauen und die lebensweltliche Realität, die sich hinter dieser Stilfigur verbirgt (Gordon/Washington; Magdalene). Diese Arbeiten sind von Phyllis Tribles Ansatz geprägt, wonach biblischen «Metaphern widerstanden» werden kann und soll, um Erinnerungen an Erfahrungen und Leiden realer Frauen wiederzugewinnen.

In der Auseinandersetzung mit der Typisierung «Stadt-Frau», die im Alten Testament häufiger verwendet wird, fällt auch die Bezeichnung von Städten als Huren auf (Jerusalem in Jes 1 und Ez 16; 23; Tyrus in Jes 23; Samaria in Mi 1 und Ez 23; Ninive in Nah 3). Diesem Aspekt – neben anderen – widmen sich Beiträge, die eine Unterscheidung von biologischem Geschlecht *(sex)* und sozialem Geschlecht *(gender)* einführen (Baumann 1998; Bird; Riegner; Stark). Queere Auslegungen, die als Theologien der Befreiung den hermeneutischen Schwerpunkt auf die Aufweichung einer heteronormativen Religiosität setzen, sind für das Nahumbuch derzeit erst in ihren Anfängen – im ersten *Queer Bible Commentary* (2. Auflage 2022) sind dem Nahumbuch nur eineinhalb Seiten gewidmet (Carden, 447–478).

Wie kaum eine andere hat sich die evangelische Theologin Gerlinde Baumann mit dem Nahumbuch auseinandergesetzt (Baumann 2006, 2005, 1998). Ihr Ausgangspunkt ist eine feministisch-hermeneutische Position. Sie liest das Nahumbuch wie auch andere biblische Texte im Kontext hermeneutischer Fragen und von Überlegungen zur Gewalt im Gottesbild. In ihren Werken zu Nahum folgt sie der Datierung des Kernbestands des Buchs in die Mitte des 7. Jh. v. Chr., widmet sich intertextuellen und traditionsgeschichtlichen Bezügen und tritt in ein Gespräch mit dem Endtext ein, als einem Gegenüber seiner Zeit und seines Kontextes. Eine Rolle spielt dabei auch die Einbettung in den grösseren Zusammenhang des Zwölfprophetenbuchs. Ihr Hauptaugenmerk liegt dabei einerseits auf dem Nahum-Psalm Nah 1,2–8 und andererseits auf der Metaphorik rund um die personifizierte Stadt Ninive in Nah 3,4–7. Dort arbeitet sie heraus, dass die Bildsprache innerhalb ihrer Entstehungszeit betrachtet werden sollte (referiert wird im Folgenden Baumann 1998, 350–353): Jhwh und Assur/Ninive, personifiziert als Mann bzw. Frau, würden innerhalb der patriarchalen Rollenmuster dargestellt. In diesen Mustern sei die «Frau» auch als Stadt dem «Mann» als Gott immer untergeordnet bzw. als Ehefrau sein Eigentum. Einen Schutz für Frauen, der dem heutigen Recht auf körperliche Unversehrtheit oder sexuelle Selbstbestimmung vergleichbar wäre, habe es im Alten Orient nicht gegeben. Dies gelte umso mehr für Prostituierte, deren Sexualität nicht unter der Kontrolle eines Mannes stünde. Im damaligen Kontext handle der bei

Nahum als Mann innerhalb patriarchaler Denkmuster gezeichnete Jhwh gewalttätig aber konsequent. Ausserdem bewege sich Jhwh innerhalb der Legalität, da er ja einer «Prostituierten» Gewalt antue. Für diese Deutung spreche der «in exilisch-nachexilischer Zeit angefügte» Psalm in Nah 1,2–8. Er preise Jhwh als guten und gerechten Gott.

Vergewaltigung im damaligen Kontext sei nicht vorrangig ein Vergehen an der vergewaltigten Frau gewesen, sondern «Diebstahl sexuellen Eigentums», ein Eigentumsdelikt gegenüber dem Mann als dem Besitzer der Frau. Insofern sei sie auch ein Mittel zur Demütigung anderer Männer. Eine zusätzliche Legitimation der sexuellen Gewalt werde in Nah 3,4 durch die Typisierung der betreffenden Frau als «schöne» Hure erreicht: Das «Begehren», das der Vergewaltigung in diesem Denken vorausgehe, sei durch die Schönheit der Frau ausgelöst worden. Der betreffende Mann «reagiere» durch den Gewaltakt lediglich quasi-«natürlich»: mit unkontrolliertem Begehren, das Gewalt als Mittel zur Durchsetzung anwendet.

Aus ihrer Sicht legt das Nahumbuch nahe, die Perspektive der ehemaligen Opfer einzunehmen: Nahum spreche aus der Perspektive eines männlichen Judäers, aus der Sicht eines gefolterten Mannes, der unter dem Eindruck von Kriegsgewalt stünde. Er wünsche sich, dass seine Unfähigkeit, sich und seine Familie vor der Gewalt der Assyrer zu beschützen, ins Gegenteil verkehrt werde und dass an seiner Stelle sein Gott fähig sei, die erlittene Gewalt nun der personifizierten Stadt Ninive anzutun. Es sei der Weg von der Ohnmacht zur (männlichen) Übermacht. In der prophetischen Vision werde Jhwh als Sieger gesehen, der seine Überlegenheit über seine assyrischen Gegner unter anderem dadurch demonstriere, dass er der gegnerischen Stadt-«Frau» sexuelle Gewalt antue. So demütige er «Assur» und demonstriere ihm dessen Unterlegenheit, und dass dieser nicht mehr fähig sei, seine Hauptstadt-«Frau» vor Übergriffen zu schützen.

Baumann nimmt Judith Sandersons Resultate auf, wenn sie klarstellt, dass sich Frauen mit den dargebotenen Identifikationsfiguren auf verlorenem Posten befinden: Sie könnten entsprechend des Narrativs des Nahumbuchs nicht auf die Solidarität des selbst sexuell gewalttätig gezeichneten Gottes zählen. Die primäre Identifikationsmöglichkeit im Text für heutige Frauen sei die mit der ehemaligen Gewalttäterin Ninive, nicht die mit dem restituierten Juda (Nah 2,1). Anders bestünde für männliche Leser nach wie vor die Möglichkeit, z. B. die Täterrolle eines Soldaten einzunehmen und Rachewünsche in der Szene der sexuellen Gewalt auszuphantasieren. (Eine solch geschlechtsspezifische Lektüre wurde im Kommentar Karl Ellingers identifiziert; siehe Seifert, 466). Auch die Rolle Jhwhs entwickle heute eine andere Dynamik: Unter heutigen Rechtsbedingungen müsste das Handeln Jhwhs innerhalb des Sprachbilds in Nah 3,4–7 als Vergewaltigung und Kriegsverbrechen verurteilt werden.

Feministisch-befreiungstheologische Bewegungen waren sich stets im Klaren darüber, dass mit der Zensur gewalttätiger oder gewaltaffiner Bibeltexte das Problem der Gewalt nicht vom Tisch ist. Daher haben feministische Auslegungen im Gegensatz zu manch anderen Auslegungen nie verleugnet, dass in der Bildsprache ein Gottesbild zutage tritt, das seine Sprachmacht nur vor dem Hintergrund der realen Erfahrungen sexualisierter Gewalt gegen Frauen entfaltet (→ Nah 3,1–7: Sexualisierte Gewalt gegen die Stadt-Frau Ninive). Es wurden verschiedene hermeneutische Ansätze entwickelt, produktiv mit Texten wie Nah 3,4–7 oder auch dem Nahumbuch als Ganzes umzugehen. Dieser Tradition verpflichtet weist Gerlinde Baumann auf drei Punkte hin:

1. Auch im Falle des Nahumbuchs kann man den Metaphern widerstehen. Angesichts von Nah 3,4–7 könne so die für Frauen so fatale Metapher, die die gegen sie gerichtete Gewalt göttlich sanktioniere, rückgeführt werden in den Kontext, dem sie entstammt. Hinter solchen Texten stünden schliesslich etliche Fälle von sexueller Gewalt im Leben konkreter Frauen; darauf weise die Verbreitung solcher Texte im Alten Testament hin. Dieses Leid könne als Leiden wahrgenommen werden, ohne durch die Verwendung als Metapher zumindest in Teilen verharmlost zu werden. Der biblische Rachetext werde in dieser Leseweise zum Klagetext, zur Klage über die durch sexuelle Gewalt beschädigten Leben von Frauen in Vergangenheit und Gegenwart. Nun kann den Opfern sexueller Gewalt gegenüber eine angemessene Haltung eingenommen werden: «die der Trauer, des Mitfühlens und des mit-trauernden Schweigens» (Baumann 1998, 352).

2. Das Nahumbuch verwebe unterschiedliche Weisen der Gewalt, die sich wie ein Netz über den Blick auf das Leben lege und den Blick einenge auf Gewalt, Unterdrückung und Rache. Sexuelle Gewalt gegen Frauen, so führe Nahum vor Augen, sei eingebunden in andere Zusammenhänge von Gewalt. So trete auch Gewalt gegen Frauen selten isoliert auf. Vielmehr werde Gewalt durch gesellschaftliche Unterdrückungsstrukturen begünstigt oder überhaupt ermöglicht, die sich unterschiedlich ausprägen könnten. Um individuellen Gewaltakten wirksamer entgegentreten zu können, müssten weiterreichende Strukturen der Gewalt berücksichtigt werden.

3. Weil Gewalt immer Gegengewalt erzeuge – zumindest bei denen, die sich wehren könnten – weise das Nahumbuch keinen Weg aus der Gewalt. Werde Nahums Umgang mit der Gewalt weitergedacht, entstehe nichts anderes als immer mehr, immer neue Gewalt. Der Weg der Gewalt würde bei Nahum sozusagen «zu Tode geritten». Das Buch gehe nicht weiter als bis an diesen Punkt. Wir selbst, die Lesenden, müssten weitergehen und Wege aus der Gewalt heraus suchen. Ohne diese, ohne unsere Suche werde Gewalt kein Ende nehmen.

Nahum-Rezeption in der Kunst

In der europäischen Musikgeschichte erfuhr das Nahumbuch gar keine, in der Kunstgeschichte sehr wenig Beachtung: Lediglich zwei Bilder sind zu nennen.

«The Fall of Niniveh» (→ Abbildung auf S. 94f.) des englischen Malers und Grafikers John Martin (1789–1854) zeigt beim genaueren Hinschauen wohl eine künstlerische Verschränkung von Themen aus dem Nahumbuch und zeitgenössischen Sardanapal-Legenden. Diese phantasmatischen Erzählungen um einen letzten assyrischen König dieses Namens waren seit der Antike im Umlauf und erfreuten sich insbesondere im Europa des beginnenden 19. Jahrhunderts, nicht zuletzt dank der Tragödie «Sardanapal» von Lord Byron, wieder grosser Beliebtheit (zur vielfältigen Rezeptionsgeschichte Frahm 2003).

Das Bild, das auszugsweise den Buchumschlag und einzelne Kapitel ziert und ganz auf Seite 93 abgebildet ist, stammt vom französischen Maler, Illustrator und Karikaturist Jacques Joseph Tissot (1836–1902), der sich im Laufe seines Lebens immer mehr religiösen Themen zuwendete, biblische Motive malte und auch mehrmals das osmanische Palästina bereiste. Seinen Nahum kann man als «den Anderen» beschreiben, wie ihn sich ein vom Orient faszinierter Europäer des 19. Jahrhunderts imaginiert.

«Nahum»: James Tissot (1836–1902) © The Jewish Museum, New York;
folgende Doppelseite: «The Fall of Niniveh» by John Martin (1789–1854)

Heute Nahum lesen

Das Nahumbuch stammt aus einer ganz anderen Zeit und doch ist es ein interessanter Gesprächspartner für heute. Die Auseinandersetzung mit den Einzelsprüchen, den Kippbildern und der Gesamtkomposition erfordert jedoch einige Anstrengungen. Die Themen, die auf den Tisch kommen, sind keine leichten: Gewalt, symbolträchtige Inszenierung von Gewalt, Instrumentalisierung von Menschen und Tieren für symbolträchtige Inszenierungen von Gewalt.

Religionsgeschichtlich lässt sich das Thema Gewalt und Gott auf eine Welt zurückführen, in der es um Gewalt und Gottheiten ging. Theologisch ergibt sich daraus die Frage: Wie lassen sich biblische Aussagen über einen männlich konnotierten Gott mit dem Eigennamen Jhwh angemessen in eine monotheistische Weltsicht transportieren? Wie gewaltaffin, wie parteiisch darf und kann Gott dann noch sein? Was für Themen springen heute noch ins Auge? Einige Denkanstösse für eine vielseitige Auseinandersetzung mit dem Nahumbuch zum Abschluss.

Krieg heute wie gestern

Das Nahumbuch hat in der zeitgenössischen Rezeption keinen Niederschlag gefunden. Kriege und Kriegsverbrechen wurden nicht unter Berufung auf seine Inhalte begangen. Vielmehr zeigen die Entwicklungen, insbesondere der letzten drei Jahre, mindestens zweierlei: 1) Imperiale Ansprüche wie die des neuassyrischen Reiches führen auch heute noch zu Angriffskriegen mit grässlichen Folgen. 2) Frauen werden auch heute gezielt geschändet und vergewaltigt, über ihr eigenes Leid hinaus werden sie als Symbolträgerinnen missbraucht, um in der als feindlich erachteten Gesellschaft grösstmögliche Verletzungen zu verursachen.

Die Texte, die in der rabbinischen Tradition des Judentums die Rezeption der *Hebräischen Bibel* massgeblich mitbestimmen, thematisieren Ninive, das neuassyrische Reich und das Motiv eines gewalttätigen Gottes nicht (⟶ Das Nahumbuch in den rabbinischen Schriften). Von den neutestamentlichen Texten, die in vielen christlichen Denominationen die Rezeption des Alten Testaments massgeblich mitbestimmen, bietet keiner Textpassagen, die eindeutig Nahumzitate sind.

Die Johannesoffenbarung baut das Motiv der hurerischen Stadt-Frau breit aus – es geht nicht um die Hure Ninive, sondern um die Hure Babylon, die als Chiffre für Rom benutzt wird. Dennoch bieten die einschlägigen Passagen (Offb 9,21; 17,2; 18,23) keine reinen Nahumzitate, sondern kreative Ein-Satz-Collagen von verschiedenen alttestamentlichen Textpassagen, in denen das Hurereimotiv, oft gepaart mit dem Zaubereimotiv, vorkommt. Bei bibelfesten Hörer/-innen werden diese Texte gleichzeitig abgerufen und es kommt so unter anderem auch zu einem intertextuellen Link zu Königin Isebel (2Kön 9,21). Die Johannesoffenbarung wird als Widerstandsliteratur gewertet (Heymel), das Nahumbuch von den frühen Kirchenvätern als Trostbuch. Beide Bücher zeigen in ihrer Stereotypisierung von Huren einen klassischen *male gaze* (männlichen Blick) und prangern genau mittels dieser verbreiteten, kulturell etablierten Negativkodierung die Strukturen eines unterdrückerischen Imperiums an.

Die grossen jüdischen wie christlichen Gemeinschaften mit festgelegten Leseordnungen sehen keine Lesungen des Nahumbuchs vor. Das heisst auch, dass man den Text nicht als geeignet betrachtet, um unkommentiert verlesen zu werden. In welchen Kontexten kann man das Nahumbuch aber verantwortet aufgreifen?

Delegation der Gewalt an den Gott der Geschichte

Wenn Jhwh in monotheistischen Gemeinschaften heute als alleiniger Gott gilt, hat der Jhwh des Nahumbuchs seine göttlichen Gegenspieler/-innen verloren – mögen sie vielleicht einmal Istar oder vielleicht auch Baal und El geheissen haben. Bereits bei den Kommentatoren des Pescher Nahums ist Gott der Gott der Geschichte, und Ninive und die Assyrer nur noch Chiffren für die weltlichen Gegenspieler. Ein Gott der Geschichte begegnet auch in Zwinglis Verwendung von Nah 3,18. Feministische und befreiungstheologische Ansätze sprechen von einer «Hermeneutik der Delegation» (Baumann 2006, 138), in einer Gesamtlektüre des Nahumbuchs übt Jhwh Vergeltung, nicht seine Verehrer/-innen in Israel und Juda (Nah 2,1–2). Historisch gesehen haben medische und babylonische Truppen die Stadt Ninive eingenommen. Funktioniert Delegation? Wer bezahlt dabei welchen Preis?

Der Klima-Gott

Angesichts der Klimakrise werden Steinschlag, Feuersbrünste, Trockenheit und Überschwemmungen eher mit menschlicher Unverantwortlichkeit denn mit göttlicher Verantwortlichkeit assoziiert. Löwen sind in weiten Teilen der Welt ausgerottet. Die Zunahme an Heuschreckenplagen ist zu beträchtlichen Teilen auf die menschengemachte Klimaerwärmung zurückzuführen. Die Heuschrecken wüten dabei nicht in den Erntegründen der Hauptverursacher/-innen, sondern in weniger begünstigten bis ohnehin schon armen Gebieten. Kann Jhwh in Nah 1,2–9 vor dem zeitgenössischen Horizont als Klima-Gott interpretiert werden? Führt die traditionelle Ebenbild-Gottes-Theologie dann letztlich zur These, dass Gott wie die Menschen die Fähigkeit hat, mutwillig zu zerstören und Existenzen zu gefährden? Und wer zählt dann zu den Schutzbefohlenen und wer wird in die Finsternis gejagt?

Vom Humor bis zum Slapstick

Eckhart Frahm identifiziert Humor auf Kosten der Feinde in assyrischen Königsinschriften (Frahm 1998), Peter Lampe erkennt sarkastische Ironie als rhetorisches Mittel in Jes 6,9–10 (Lampe 2023) und identifiziert bitteren Zynismus in der Johannesoffenbarung (Lampe 2020). Humor ist ein Ventil, verbaler Spott und Verzeichnung sind Waffen, die auch schlecht Gerüsteten und Unterlegenen nicht weggenommen werden können. Durch die Kippbilder im Nahumbuch wird das neuassyrische Reich verbal *ad absurdum* geführt. Wo sind die Grenzen des guten Geschmacks?

Kann eine Lektüre des Nahumbuchs, die unterstellt, es handle sich um eine ätzende Persiflage, eine absichtlich überzeichnete Slapstick-Inszenierung, zu befreiendem Lachen führen, auch und gerade heute, wo einem angesichts von Krieg und Gewalt oftmals die Worte im Hals stecken bleiben?

Literatur

Zum masoretischen Text

Die jüngsten wissenschaftlichen Textausgaben des hebräischen Bibeltextes nach masoretischer Tradition liegen mit der Biblia Hebraica Stuttgartensia (BHS, 5. verbesserte Auflage 1997, alle hebräischen biblischen Bücher) und in der Reihe der Biblia Hebraica Quinta (BHQ 13, 2010, Band des Zwölfprophetenbuchs) vor.

In diesen Textausgaben dient die älteste, vollständig erhaltene masoretische Handschrift als Haupttext: Der Codex Leningradensis, genauer die Handschrift EBP. I B 19a aus der Russischen Nationalbibliothek in St. Petersburg, derzeit als Scan einsehbar unter: https://archive.org/details/Leningrad_Codex/mode/2up (22.02.2024; das Nahumbuch beginnt auf Seite 635).

Varianten aus anderen hebräischen Handschriften und antiken Bibelübersetzungen werden in begleitenden Abschnitten, den sogenannten Apparaten, aufgelistet und besprochen.

Zitierte und referierte Quellen
(inklusive antiker Bibelübersetzungen)

Asarhaddon 98, 53b–56:
: Deutsche Übersetzung des akkadischen Textes, wie er als Nr. 98 in RINAP 4 geboten wird, in: Leichty/Erle (Hg.), *The Royal Inscriptions of Esarhaddon, King of Assyria (680–669 BC)*. The Royal Inscriptions of the Neo-Assyrian Period 4, Winona Lake 2011, 186.

Assurbanipal 58,1–3:
: Deutsche Übersetzung des akkadischen Textes, wie er in RINAP 5/1 unter Assurbanipal 058, 1–3 geboten wird. Der akkadische Text (mit Tagging) und seine englische Übersetzung sind zugänglich über http://oracc.org/rinap/Q003757/ (erstellt von Jamie Novotny und Joshua Jeffers, 2015–18, lemmatisiert von Jamie Novotny, 2015–16, für die Munich Open-access Cuneiform Corpus Initiative (MOCCI), eine von der LMU München und der Alexander-von-Humboldt-Stiftung (durch die Einrichtung des Alexander-von-Humboldt-Lehrstuhls für Alte Geschichte des Nahen und Mittleren Ostens) geförderte und am Historischen Seminar – Abteilung Alte Geschichte der Ludwig-Maximilians-Universität München angesiedelte Initiative zum Aufbau eines Korpus. Die kommentierte Ausgabe ist unter der Creative Commons Attribution Share-Alike Lizenz 3.0 veröffentlicht; 16.02.2004).

Assurbanipal 2001:
: Deutsche Übersetzung des akkadischen Textes, wie er in RINAP 5/3 unter Assurbanipal 2001 geboten wird. Der akkadische Text (mit Tagging) und seine englische Übersetzung sind zugänglich über http://oracc.org/rinap/Q003840/ (erstellt von Jamie Novotny und Joshua Jeffers, 2015–22, lemmatisiert von Joshua Jeffers, 2018–19, für das NEH-geförderte RINAP-Projekt an der University of Pennsylvania. Die kommentierte Ausgabe ist unter der Creative Commons Attribution Share-Alike Lizenz 3.0 veröffentlicht; 16.02.2004).

Babylonischer Talmud, Gittin I,1,7a–b:
: Die Übersetzung stammt von Lazarus Goldschmidt: *Der babylonische Talmud*. Nach der ersten zensurfreien Ausgabe unter Berücksichtigung der neueren Ausgaben und handschriftlichen Materials. *Bd. 6: Soṭa Giṭṭin Qiddušin,* hg. von Lazarus Goldschmidt, 3. Auflage, Berlin 1981, 205.

Herodot 4, 174:
: Herodot, The History of Herodotus. Parallel English/Greek, herausgegeben und übersetzt von George C. Macaulay, London u. a., 1890.

Hieronymus' Nahumkommentar:
: Enthalten in: Hieronymus. Commentarii in Prophetas Minores. Corpus christianorum. Series Latina, 76 A, 525–578 der modernen Zählung, Thurnhout 1970.

HTAT 188:
: Ein durch verschiedene Keilschrift-Funde überlieferter Text, der von Weippert als «Nr. 188 Die westländischen Vasallen Asarhaddons beim Bau des Zeughauses von Nineve» in Übersetzung veröffentlicht wurde, in: Manfred Weippert, *Historisches Textbuch zum Alten Testament* (Grundrisse zum Alten Testament 10), Göttingen 2010.

Jalkut Schimoni Nahum:
: In: Farina Marx (Hg.), Jalkut Schimoni zum Zwölfprophetenbuch. Übersetzung und Kommentar, Berlin/Boston 2020, Open Access: https://doi.org/10.1515/9783110675382.

Ludlul bēl nēmeqi, Tafel I,1–8:
: In der Übersetzung von Wolfram von Soden *(Ludlul bēl nēmeqi – «Ich will preisen den Herrn der Weisheit»)*, in: Texte aus der Umwelt des Alten Testaments III. Weisheitstexte, Mythen und Epen. Weisheitstexte I., hg. v. Wolfram von Soden und Willem H. Ph. Römer, Gütersloh 2005, 114–115 (die Textüberlieferung weist aufgrund der mangelhaften Erhaltung der Keilschrifttafeln an der angeführten Stelle vier kleine Lücken auf, die Wolfram von Soden überzeu-

gend rekonstruiert und in eckige Klammern gesetzt hat, diese Klammern wurden im gebotenen Zitat zugunsten besserer Lesbarkeit weggelassen).

Wer Ursache gebe zu Aufruhr usw. (7. Dezember resp. 28. Dezember 1524). Nr. 42:

Huldreich Zwinglis sämtliche Werke, Bd. 3 (Corpus Reformatorum 90), Leipzig 1914, 368–469. Der Fliesstext der kritischen Ausgabe, ohne die Einleitungen und die text- und sachkritischen Apparate, kann abgerufen werden auf den Webseiten von *Huldrych Zwingli Werke: Digitale Texte*, hier www.irg.uzh.ch/static/zwingli-werke/index.php?n=Werk.42 (26.02.2024).

Nahum-Septuaginta:

Enthalten in: Ziegler, Joseph (Hg.), *Duodecim prophetae*. Bd. 13, 2., durchges. Aufl. Septuaginta, Göttingen 1967.

Pescher Nahum:

Enthalten in: Shani L. Berrin, *The Pesher Nahum Scroll from Qumran. An Exegetical Study of 4Q169* (Studies on the Texts of the Desert of Judah 53), Leiden 2004.

Targum Onkelos:

Alexander Sperber (Hg.), *The Latter Prophets According to Targum Jonathan*. Bd. 3. The Bible in Aramaic, Leiden 1962.

Vulgata:

Roger Gryson, Bonifatius Fischer und Robert Weber(Hg.), *Biblia Sacra iuxta Vulgatam versionem*. 5., verbesserte Auflage, Stuttgart 2013.

Links zu Abbildungen der antiken Bibelhandschriften

Fotografien vieler Handschriften aus der judäischen Wüste sind online frei zugänglich über *The Leon Levy Dead Sea Scrolls Digital Library:* www.deadseascrolls.org.il/home (28. Juni 2023).

Pescher Nahum:
    4QpNah (= 4Q169): www.deadseascrolls.org.il/explore-the-archive/manuscript/4Q169-1 (28. Juni 2023).

Das Dodekapropheton aus Nahal Ḥever MUR88 (= MUR XII):
    www.deadseascrolls.org.il/explore-the-archive/manuscript/MUR88-1 (28. Juni 2023).

Die Zwölfprophetenbuchrolle aus dem Wadi Murabbaʿat: NḤ (8Hev1 = 8 Hev XII):
    www.deadseascrolls.org.il/explore-the-archive/manuscript/8Hev1-1 (28. Juni 2023).

Zitierte moderne Bibelübersetzungen

LXX.D = Kraus, Wolfgang und Martin Karrer (Hg.), *Septuaginta Deutsch. Das griechische Alte Testament in deutscher Übersetzung.* 2., verbesserte Auflage, Stuttgart 2010.

Miqra Tora Nevi'im u-Khetuvim. Die israelitische Bibel. Enthalten: Den heiligen Urtext, die deutsche Uebertragung, die allgemeine ausführliche Erläuterung mit mehr als 500 englischen Holzschnitten, 3 Bde., hg. v. D. Ludwig Philippson, Leipzig 1839–54. Das Nahumbuch befindet sich im Zweiten Theil: die Propheten (1948).

Die Schrift. Verdeutscht von Martin Buber gemeinsam mit Franz Rosenzweig. Verbesserte Auflage der neu bearbeiteten Ausgaben von 1954–1979, Gütersloh 1997.

Zürcher Bibel, hg. v. der Evangelisch-reformierten Landeskirche des Kantons Zürich, Zürich 2007.

Erwähnte moderne Hebräisch-Lexika

GesB[17] = Wilhelm Gesenius, *Hebräisches und aramäisches Handwörterbuch über das Alte Testament,* bearbeitet von Frants Buhl, Berlin [17]1915.

GesMD[18] = Wilhelm Gesenius, *Hebräisches und aramäisches Handwörterbuch über das Alte Testament,* bearbeitet von Herbert Donner und Rudolf Meyer, Berlin[18] 1987–2010.

KAHAL = Walter Dietrich / Samuel Arnet (Hg.), *Konzise und aktualisierte Ausgabe des Hebräischen und Aramäischen Lexikons zum Alten Testament,* Leiden/Boston 2013.

KBL[3] = Ludwig Koehler / Walter Baumgartner, *Hebräisches und aramäisches Lexikon zum Alten Testament,* Leiden[3] 1967–1995.

Zitierte und referierte Literatur

Gerlinde Baumann, Das Buch Nahum. Der gerechte Gott als sexueller Gewalttäter, in: Luise Schottroff / Claudia Janssen (Hg.), Kompendium Feministische Bibelauslegung, Gütersloh 1998, 347–353.

Gerlinde Baumann, Gottesbilder der Gewalt im Alten Testament verstehen, Darmstadt 2006.

Gerlinde Baumann, Gottes Gewalt im Wandel. Traditionsgeschichtliche und intertextuelle Studien zu Nahum 1,2–8 (WMANT 106), Neukirchen-Vluyn 2005.

Dominique Barthélemy, Les devanciers d'Aquila. Première publication intégrale du texte des fragments du Dodécaprophéton trouvés dans le désert de Juda, précédée d'une étude sur les traductions et recensions grecques de la Bible réalisées au 1er siècle de notre ère sous l'influence du rabbinat palestinien (Supplements to Vetus Testamentum 10), Leiden 1963.

Phyllis Ann Bird, «To Play the Harlot». An Inquiry into an Old Testament Metaphor, in: Ann Bird Phyllis (Hg.), Missing Persons and

Mistaken Identities. Women and Gender in Ancient Israel, Minneapolis 1997, 218–236.

Michael Carden, The Book of the Twelve Minor Prophets, in: Mona West / Robert E. Shore-Goss (Hg.), Queer Bible Commentary, 2. Aufl., London 2022, 408–459.

Antoine Cavigneaux, Aux sources du Midrash. L'herméneutique babylonienne (Aula Orientalis 5), 1987, 243–255.

Christine Christ-von Wedel, Theodor Bibliander in seiner Zeit, in: dies., Theodor Bibliander (1505–1564). Ein Thurgauer im gelehrten Zürich der Reformationszeit, Zürich 2005, 19–60.

Gregory D. Cook, Naqia and Nineveh in Nahum. Ambiguity and the Prostitute Queen, in: Journal of Biblical Literature 136/4 (2017), 895–904 (https://doi.org/10.15699/jbl.1364.2017.198627).

Heinz-Josef Fabry, Nahum (Herders Theologischer Kommentar zum Alten Testament), Freiburg i. Br. 2006.

Eckart Frahm, Zwischen Dichtung und Wahrheit. Assur und Assyrien in den Augen der Nachwelt, in: Joachim Marzahn und Beate Salje (Hg.), Wiedererstehendes Assur. 100 Jahre deutsche Ausgrabungen in Assyrien, Mainz am Rhein 2003, 19–28.

Eckart Frahm, Humor in assyrischen Königsinschriften, in: Jiri Prosecky (Hg.), Intellectual Life of the Ancient Near East. Papers Presented at the 43rd Rencontre Assyriologique Internationale Prague, July 1–5, 1996 (Compte rendu de la Rencontre Assyriologique Internationale 43), Prague 1998, 147–162.

Pamela Gordon / Harold C. Washington, Rape as a Military Metaphor in the Hebrew Bible, in: Athalya Brenner (Hg.), A Feminist Companion to the Latter Prophets (The Feminist Companion to the Bible 8), Sheffield 1995, 308–325.

Nesina Grütter, Das Buch Nahum. Eine vergleichende Untersuchung des masoretischen Texts und der Septuagintaübersetzung (WMANT 148), Neukirchen-Vluyn 2016.

Alfred Haldar, Studies in the Book of Nahum, Lundequist 1946.

Michael Heymel, Die Johannesoffenbarung heute lesen (bibel heute lesen), Zürich 2018.

John Huehnergard / Aaron D. Rubin, Phyla and Waves. Models of Classification of the Semitic Languages, in: Stefan Weninger / Geoffrey Khan / Michael P. Streck / Janet C. Watson (Hg.), The Semitic Languages. An International Handbook (Handbücher zur Sprach- und Kommunikationswissenschaft 36), Berlin/Boston 2011, 259–278.

Roman Jakobson, Linguistik und Poetik (1960), in: Elmar Holenstein / Tarcisius Schelbert (Hg.), Poetik. Ausgewählte Aufsätze 1921–1971 (Suhrkamp Taschenbuch Wissenschaft 262), Frankfurt a. M. 1979, 83–121.

John Kaltner, The Use of Arabic in Biblical Hebrew Lexicography, The Catholic Biblical Quarterly (Monograph Series 28), Washington, D. C. 1996.

Jörn Kiefer, Art. Arad, in: Das Wissenschaftliche Bibellexikon im Internet (www.wibilex.de), 2008, www.bibelwissenschaft.de/stichwort/13625/ (28.06.2023).

Thomas Krüger, Zur Revision der Zürcher Bibel (Altes Testament). Ein «Werkstattbericht» aus exegetischer Sicht, in: Walter Gross (Hg.), Bibelübersetzung heute (Arbeiten zur Geschichte und Wirkung der Bibel 2), Stuttgart 2001, 301–327.

Peter Lampe, «Christian-Apocalyptic Protest from the First-Century 90s as a Reaction to Economic Conditions», in: Jürgen von Hagen / Michael Welker / John Witte / Stephen Pickard (Hg.), The Impact of the Market on Character Formation, Ethical Education, and the Communication of Values in Late Modern Pluralistic Societies. On Character Formation and Ethical Education in Late Modern Pluralistic Societies, Leipzig 2020, 161–179.

Peter Lampe, Gott als enttäuschter Liebhaber? Sarkastische Ironie als rhetorisches Mittel in Jesaja 6,9–10, in: Petra von Gemünden / Annette Merz / Helmut Schwier (Hg.), Resonanzen. Gerd Theißen zum 80. Geburtstag, Gütersloh 2023, 196–204.

Timothy A. Lee, The Newly Discovered Fragments of the Greek Minor Prophets Scroll From Naḥal Ḥever (8ḤevXIIgr) and the Problem of Translation Standardization, in: Journal of Septuagint and Cognate Studies 55 (2022), 98–102.

Alan Lenzi, Suffering in Babylon. *Ludlul bēl nēmeqi* and the Scholars, Ancient and Modern (Orbis Biblicus et Orientalis 300), Leuven 2023.

Hanna Liss, Jüdische Bibelauslegung (Jüdische Studien 4, UTB 5135), Tübingen 2020.

Hanna Liss, Tanach. Lehrbuch der jüdischen Bibel, in Zusammenarbeit mit Annette M. Böckler / Bruno Landthaler (Schriften der Hochschule für Jüdische Studien Heidelberg 8), Heidelberg ³2001.

F. Rachel Magdalene, Ancient Near Eastern Treaty-Curses and the Ultimative Texts of Terror: A Study of Language of Divine Sexual Abuse in the Prophetic Corpus, in: Athalya Brenner (Hg.), A Feminist Companion to the Latter Prophets (The Feminist Companion to the Bible 8), Sheffield 1995, 326–352.

Farina Marx (Hg.), Jalkut Schimoni zum Zwölfprophetenbuch. Übersetzung und Kommentar, Berlin/Boston 2020, Open Access: https://doi.org/10.1515/9783110675382.

Hans-Peter Mathys, Frants Buhl. Der Neubegründer der hebräischen Lexikographie, in: Viktor Golinets / Hanna Jenni / Hans-Peter Mathys / Samuel Sarasin (Hg.), Neue Beiträge zur Semitistik. Fünftes Treffen der Arbeitsgemeinschaft Semitistik in der Deutschen Morgenländischen Gesellschaft vom 15.–17. Februar 2012 an der Universität Basel (Alter Orient und Altes Testament 425), Münster 2015, 193–236.

Christian Moser, Theodor Bibliander (1505–1564). Annotierte Bibliographie der gedruckten Werke (Zürcher Beiträge zur Reformationsgeschichte 27), Zürich 2009.

Takamitsu Muraoka, In the Footsteps of Gesenius, in: Stefan Schorch / Ernst-Joachim Waschke (Hg.), Biblische Exegese und hebräische Lexikographie. Das «Hebräisch-deutsche Handwörterbuch» von Wilhelm Gesenius als Spiegel und Quelle alttestamentlicher und hebräischer Forschung, 200 Jahre nach seiner ersten Auflage (Beihefte zur Zeitschrift für die alttestamentliche Wissenschaft 427), Berlin 2013, 3–15.

Lothar Perlitt, Die Propheten Nahum, Habakuk, Zephanja (Das Alte Testament Deutsch 25/1), Göttingen 2004.

Vittore Pisani, Die Etymologie. Geschichte, Fragen, Methode (Internationale Bibliothek für allgemeine Linguistik 26), München 1975 (aus dem Italienischen übersetzt von Irene Riemer, Brescia 1967 [deutsche Übersetzung der 2., durchgesehenen und erweiterten Auflage]).

Karen Radner, Fressen und gefressen werden. Heuschrecken als Katastrophe und Delikatesse im Alten Vorderen Orient, in: Die Welt des Orients 34 (2004), 7–22.

Bennie H. Reynolds, «Art. ‹אשור›» [Assur, Anm. d. Verf.], in: Heinz-Josef Fabry / Ulrich Dahmen (Hg.), ThWQ I = Theologisches Wörterbuch zu den Qumrantexten, 1. Band, Stuttgart 2011, 317–319.

Arthur Rich, Zwingli als sozialpolitischer Denker, in: Zwingliana 13/1 (1969), 67–89.

Irene E. Riegner, The Vanishing Hebrew Harlot. The Adventures of the Hebrew Stem ZNH (Studies in Biblical Literature 73), New York 2009.

Judith E. Sanderson, Nahum, in: Carol A. Newsom / Sharon H. Ringe (Hg.), The Women's Bible Commentary, Louisville 1998, 232–239.

Daniel Schwemer, Die Wettergottgestalten Mesopotamiens und Nordsyriens im Zeitalter der Keilschriftkulturen. Materialien und Studien nach den schriftlichen Quellen, Wiesbaden, 2001.

Elke Seifert, Die Verfügungsgewalt der Väter über ihre Töchter im Alten Testament. Eine ideologiekritische Untersuchung zur Tochter-Vater-Beziehung und zur Vater-Tochter-Beziehung in Erzählungen, Rechtstexten und Metaphern des Ersten Testaments, Neukirchen-Vluyn 1997.

Klaus Seybold, Profane Prophetie. Studien zum Buch Nahum (Stuttgarter Bibelstudien 135), Stuttgart 1989.

Malka Z. Simkovich, The Minor Prophets in Early Judaism, in: Julia M. O'Brien (Hg.), *The Oxford Handbook of the Minor Prophets,* Oxford 2021, 228–242.

Dorothee Sölle, Was ist Theopoesie?, in: Dorothee Sölle / Anna-Katharina Szagun (Hg.), Erfahrungsräume. Theologische Beiträge zur kulturellen Erneuerung (Rostocker theologische Studien 3), Rostock 1999, 31–35.

Klaas Spronk, The Line-Acrostic in Nahum 1, in: Raymond de Hoop / Marjo C. A. Korpel / Stanley E. Porter (Hg.), The Impact of Unit Delimitation on Exegesis (Pericope 7, Scripture as Written and Read in Antiquity), Leiden/Boston 2009, 228–240.

Christine Stark, «Kultprostitution» im Alten Testament? Die Qedeschen der Hebräischen Bibel und das Motiv der Hurerei (Orbis Biblicus et Orientalis 221), Fribourg 2006.

Thomas Staubli, Ikonographische Quellen als Grundlagenmaterial für die Rekonstruktion anthropologischer Themen der Südlevante, in: Jürgen van Oorschot / Andreas Wagner (Hg.), Anthropologie(n) des Alten Testaments (Veröffentlichungen der wissenschaftlichen Gesellschaft für Theologie 42), Leipzig 2015, 241–64.

Annette Steudel, Zur Erforschung der biblischen Texte von Qumran, in: Verkündigung und Forschung 60/1 (2015), 5–18.

Hermann-Josef Stipp, Das masoretische und alexandrinische Sondergut des Jeremiabuches. Textgeschichtlicher Rang, Eigenarten, Triebkräfte (OBO 136), Freiburg 1994.

Phyllis Trible, Mein Gott, warum hast du mich vergessen! Frauenschicksale im Alten Testament, aus dem Amerikanischen übers. von Marianne Reppekus; mit einer Einführung von Helen Schüngel-Straumann, Gütersloh/München ²1995.

Christoph Uehlinger, Das Hiob-Buch im Kontext der altorientalischen Literatur- und Religionsgeschichte, in: Thomas Krüger / Manfred Oeming / Konrad Schmid / Christoph Uehlinger (Hg.), Das Buch Hiob und seine Interpretationen. Beiträge zum Hiob-Symposium auf dem Monte Verità vom 14.–19. August 2005 (Arbeiten zur Theologie des Alten und Neuen Testaments 88), Zürich 2007, 97–163.

Christoph Uehlinger, Figurative Policy, Propaganda und Prophetie, in: John A. Emerton (Hg.), Congress Volume Cambridge 1995 (Supplements to Vetus Testamentum 66), 1997, 297–349.

Manfred Weippert, «König, fürchte dich nicht!» Assyrische Prophetie im 7. Jahrhundert v. Chr., Orientalia 71/1 (2002), 1–54.

Weiterführende Literatur

Allgemein zum Alten Testament / zur Hebräischen Bibel

Angelika Berlejung, Geschichte und Religionsgeschichte des antiken Israel, in: Jan Christian Gertz (Hg.), Grundinformation Altes Testament. Eine Einführung in Literatur, Religion und Geschichte des Alten Testaments (UTB für Wissenschaft: Uni-Taschenbücher 2745), 6., überarbeitete und erweiterte Auflage, Göttingen 2019, 59–192.

Ernst Axel Knauf / Hermann Michael Niemann, Geschichte Israels und Judas im Altertum, Boston 2021.

Reinhard G. Kratz, Qumran. Die Schriftrollen vom Toten Meer und die Entstehung des biblischen Judentums, München 2022.

Mario Liverani, Oltre la Bibbia. Storia antica di Israele, Roma 2009.

Konrad Schmid, Schriftgelehrte Traditionsliteratur. Fallstudien zur innerbiblischen Schriftauslegung im Alten Testament (Forschungen zum Alten Testament 77), Tübingen 2011.

Luise Schottroff / Marie-Theres Wacker (Hg.), Kompendium feministische Bibelauslegung, 2., korrigierte Aufl., Gütersloh 1999.

Mona West / Robert E. Shore-Goss (Hg.), Queer Bible Commentary, London ²2022 [2006].

Kommentare und Einführungen zum Nahumbuch

Gerlinde Baumann, Das Buch Nahum. Der gerechte Gott als sexueller Gewalttäter, in: Luise Schottroff / Claudia Janssen (Hg.), Kompendium Feministische Bibelauslegung, Gütersloh 1998, 347–353.

Gerlinde Baumann, Art. Nahum / Nahumbuch, in: Das Wissenschaftliche Bibellexikon im Internet (www.wibilex.de), https://bibelwissenschaft.de/stichwort/28767/ (25.02.2024).

Bob Becking, Nahum. A Trauma for a Trauma (Trauma Bible Commentary 1), Sheffield 2024 (erschienen, als dieser Band bereits im Editionsprozess war).

Michael, Carden, The Book of the Twelve Minor Prophets, in: Mona West / Robert E. Shore-Goss (Hg.), Queer Bible Commentary, London ²2022 [2006], 408–459.

Walter Dietrich, Nahum, Habakuk, Zefanja. Internationaler Exegetischer Kommentar zum Alten Testament, Stuttgart 2014.

Karl Elliger, Die Propheten Nahum, Habakuk, Zephanja, Haggai, Sacharja, Maleachi (Das Alte Testament Deutsch 25), 6., durchgesehene Aufl., Göttingen 1967.

Heinz-Josef Fabry, Naum/Nahum, in: Martin Karrer / Wolfgang Kraus (Hg.), Septuaginta Deutsch: Erläuterungen und Kommentare zum griechischen Alten Testament, Stuttgart 2011, 2:2405–2412.

Heinz-Josef Fabry, Nahum (Herders Theologischer Kommentar zum Alten Testament), Freiburg i. Br. 2006.

Marguerite Harl / Cécile Dogniez / Laurence Bottier, Les Douze Prophètes. Joël, Abdiou, Jonas, Naoum, Ambakoum (Sophonie. La Bible d'Alexandrie 23/4–9), Paris 1999.

Jörg Jeremias, Nahum, Biblischer Kommentar Altes Testament (Neubearbeitung) 14/5,1, Göttingen 2019.

Julia M. O'Brien, Nahum (Readings. A New Biblical Commentary), London und New York 2002.

Lothar Perlitt, Die Propheten Nahum, Habakuk, Zephanja (Das Alte Testament Deutsch 25/1), Göttingen 2004.

Judith E. Sanderson, Nahum, in: Carol A. Newsom / Sharon H. Ringe (Hg.), The Women's Bible Commentary, Louisville 1998, 232–239.

Klaus Seybold, Nahum, Habakuk, Zephanja (Zürcher Bibelkommentare AT 24/2), Zürich 1991.

Klaus Seybold, Profane Prophetie. Studien zum Buch Nahum (Stuttgarter Bibelstudien 135), Stuttgart 1989.

Klaas Spronk, Nahum, Historical Commentary on the Old Testament, Kampen 1997.

Einführungen zu Assyrien

Johannes Renz, Art. Assyrien/Assyrer, in: Das Wissenschaftliche Bibellexikon im Internet (www.wibilex.de), 2016 (https://bibelwissenschaft.de/stichwort/14117/ (25.02.2024).

Free Massive Open Online Course (MOOC) «Organising an Empire: The Assyrian Way» auf der Plattform Coursera: www.coursera.org/learn/organising-empire-assyrian-way (25.02.2024).
Dieser englische, didaktisch vielseitige digitale Kurs für das Selbststudium wurde von Prof. Dr. Karin Radner, Inhaberin des Alexander von Humboldt-Lehrstuhls für die Alte Geschichte des Nahen und Mittleren Ostens der Ludwig-Maximilians Universität München erarbeitet. Er vermittelt in sechs kostenlosen Modulen einen Überblick über die politische, soziale, religiöse und militärische Geschichte der ersten Supermacht der Welt, gibt einen Einblick in die Geografie und die klimatischen Bedingungen des Nahen Ostens.

Abbildungen/Bildnachweise

Moderne Kunstwerke

Abbildung «Nahum»: James Tissot (1836–1902), The Jewish Museum, New York, USA: https://commons.wikimedia.org/wiki/File:Nahum.jpg (25.02.2024).

Abbildung «The Fall of Niniveh»: The Fall of Niniveh by John Martin (1789–1854), oil on canvas, 110×85 cm, https://commons.wikimedia.org/wiki/File:Fall_of_ninevveh.jpg (05.07.2024).

Neuassyrische Kunstwerke

Abbildung «Siegesstele»: Siegesstele Asarhaddons (Sendschirli), Vorderasiatisches Museum Berlin, Ident. Nr.: VA 02708, https://id.smb.museum/object/1744130/siegesstele-des-k%C3%B6nigsasarhaddon-von-assyrien-%C3%BCber-%C3%A4gypten (07.07.2024).

Abbildung «Königin mit Mauerkrone», https://portale2.unime.it/galateo/atlas/1653/ (25.02.2024), © BPK, Vorderasiatisches Museum, Staatliche Museen zu Berlin.

Abbildung «Löwenkampf»: Ausschnitt aus dem neuassyrischen Relief BM124850, zeigt Assurbanipal in der Arena, wie er vom Wagen aus einen Löwen erlegt, www.britishmuseum.org/collection/object/W_1856-0909-15_8 (14.10.2024), © The Trustees of the British Museum.

Abbildung «Schreiber»: Ausschnitt aus dem neuassyrischen Relief BM 124955, www.britishmuseum.org/collection/object/W_1856-0909-1_5 (27.02.2024), © The Trustees of the British Museum.

Karten

Die Karten wurden erstellt von Margareth Warburton, Institut Dominique Barthélemy, Université de Fribourg (2024). Die verwendeten Daten entstammen verschiedenen Quellen und Datensets:

Geographic Data for Ancient Near Eastern Archaeological Sites, www.uu.se/en/department/linguistics-and-philology/research/proj/geographic-data-near-east (25.02.2024).

Latitude and Longitude Finder, www.latlong.net (25.02.2024).

Latitude.to (v1.64-im) 2024, https://latitude.to (25.02.2024).

GeoHack, https://geohack.toolforge.org (25.02.2024).

Ortsangaben der Bibel (odb), www.odb.bibelwissenschaft.de (25.02.2024).

Shuttle Radar Topography Mission (SRTM), https://lpdaac.usgs.gov/products/srtmgl1v003/ (25.02.2024).

[Hierfür hilfreich: QGIS SRTM-Downloader Plugin https://github.com/hdus/SRTM-Downloader (25.02.2024).]

Natural Earth II, www.naturalearthdata.com/downloads/10m-natural-earth-2/10m-natural-earth-2-with-shaded-relief-water-and-drainages/ (25.02.2024).

www.tvz-verlag.ch

Andreas Schüle
Das Jesajabuch
heute lesen

T V Z

Über drei Jahrhunderte hinweg erzählt das Jesajabuch die Geschichte Judas und Jerusalems, die dem assyrischen wie auch dem persischen Grossreich untertan waren. Dies prägt Menschen wie Prophetie. Andreas Schüle zeigt auf, wie das Jesajabuch mit den Augen prophetischer Kritik und Erwartung mit dieser Situation umging, sich ihr entgegenstellte – und wie das Buch selbst sich dabei immer wieder veränderte.

2023, 224 Seiten, Paperback
mit Abbildungen
ISBN 978-3-290-18420-9

T V Z